Imprint: Language Gym

Edited by Roberto Jover Soro & Paloma Lozano García

Table of Contents

THE LANGUAGE GYM

Burlington House School
59 Fulham High Street
Fulham
London
SW6 3JJ

THE LANGUAGE GYM

SPANISH SENTENCE BUILDERS
A lexicogrammar approach

PRIMARY
Part 2

ANSWER BOOK

THE LANGUAGE GYM

UNIT 1 – MI FAMILIA (My family)

LISTENING

1. Listen and complete with the missing syllable
a. Mi ma**dre**   b. Mi a**bue**la   c. Mi her**ma**na   d. Vivo con…   e. Per**so**nas   f. **Mi** padre   g. Mi **her**mana
h. Se **lla**ma   i. Mi **pri**mo   j. En mi fami**lia**

2. Faulty Echo
e.g. Mi hermana tiene <u>siete</u> años
a. Mi padre se <u>llama</u> Pedro
b. En mi familia <u>hay</u> tres personas
c. Vivo con mi tía <u>y</u> mi tío
d. ¿Cuántas personas hay en tu <u>familia</u>?
e. Mi <u>prima</u> se llama Isabel
f. <u>Ella</u> se llama Carlota

3. Break the flow: Draw a line between words
a. En mi familia hay ocho personas.
b. Vivo con mi abuelo, mi abuela y mi madre.
c. Vivo con mi padre, mi madre y mi hermano.
d. Mi hermana se llama Belén y tiene diez años.
e. Mi tío tiene treinta años.
f. Mi madre se llama María y me llevo bien con ella.

4. Listen and tick the correct answer
a. En mi familia hay **cinco** personas   b. Vivo con **mi abuela**   c. Mi hermano se llama **José**   d. Mi hermana tiene **trece años**.

5. Listen and write the number (1-31)
a. ocho (8) b. veinte (20) c. doce (12) d. dieciséis (16) e. veinticuatro (24) f. treinta (30) g. quince (15)
h. nueve (9) i. treinta y uno (31)

6. Fill in the grid in English. ✏️

	Family member	Age
a.	Brother	14
b.	Uncle	33
c.	Mother	40
d.	Grandmother	65
e.	Grandfather	70

a. Mi **hermano** tiene catorce años b. Mi **tío** tiene **treinta y tres** años c. Mi **madre** tiene **cuarenta** años
d. Mi **abuela** tiene **sesenta y cinco** años. e. Mi **abuelo** tiene **setenta** años.

1

7. Track the sounds: Listen and write down how many times you will hear the sound
1. ci: 6 times   Hola, **cinco**, me llamo, **dieciséis**, **dieciocho**, tres, prima, **diecisiete**, **cien**, padre, **veinticinco**
2. ce: 6 times   quince, Pedro, **catorce**, abuelo, **once**, setenta, **doce**, me llevo, **trece**, **cena**
3. ue: 7 times   hermano, **abuelo**, cuarenta, ocho, **cuarenta y dos**, cincuenta, cincuenta y siete, **nueve**, abuela
4. ei: 5 times   tío, **seis**, veinte, veintinueve, **treinta y seis**, ochenta, **reina**, familia
5. ch: 7 times   sesenta, **ochenta**, años, **dieciocho**, **Chile**, **chicos**, cuantos, **cincuenta y ocho**, **Nacho**, **chorizo**

8. Spot the Intruder.
Identify and underline the word in each sentence the speaker is NOT saying
e.g. Mi madre se llama Anita <u>hola</u>.   **hola**
a. ¿Cómo se llama tu padre? Mi padre <u>es</u> se llama Andrew.   **es**
b. ¿Cuántas personas hay en tu familia? <u>Tengo</u> hay seis personas.   **tengo**
c. En mi familia hay cuatro personas: mi padre, mi madre, mi tía y <u>dos</u> yo.   **dos**
d. Hola, vivo con mi madre y mi <u>familia</u> abuela. Mi abuela tiene sesenta años.   **familia**
e. Mi hermano tiene dieciséis años <u>y</u> mi padre tiene y cuarenta años.   **y**
f. Vivo con mi madre, mi padre y mi abuelo. No tengo <u>mis</u> hermanos.   **mis**

9. Listen and circle the correct number (31-100)
e.g. treinta y nueve   a. setenta y uno b. cien   c. ochenta y dos   d. cincuenta y cuatro   e. noventa y tres
f. treinta y seis

10. Listen and tick: True or False
a. Mi madre tiene cuarenta y siete años (True)
b. Mi hermano tiene dieciocho años (False)
c. Mi tía tiene cincuenta y dos años (True)
d. Mi abuelo tiene setenta y cinco años (False)
e. Mi padre tiene cincuenta años (False)
f. Mi abuela tiene sesenta años (False)
g. Mi prima tiene veinticuatro años (True)
h. Mi tío tiene treinta y ocho años (True)

11. Catch it, Swap it
Listen, spot the difference between what you hear and the written text and edit each sentence accordingly.

e.g. En mi <u>hermano</u> hay cinco personas.	familia	family
a.	En mi familia hay <u>seis</u> personas.	cinco	five
b.	Vivo con mi padre. Él tiene <u>cuarenta</u> y tres años.	cincuenta	fifty
c.	Vivo con mi madre. Ella tiene <u>cuarenta</u> años.	treinta	thirty
d.	Mi tío se llama Pablo y tiene treinta y <u>siete</u> años.	seis	six
e.	Mi prima se llama Jimena y tiene <u>catorce</u> años.	dieciocho	eighteen
f.	Vivo con mi abuela. Ella tiene <u>ochenta</u> años.	setenta	sixty
g.	No tengo hermanos. Vivo con mi <u>tía</u> y mi madre.	padre	father

12. Sentence Bingo (TRANSCRIPT)

1. Mi padre se llama Pedro.
2. En mi familia hay seis personas.
3. Mi abuelo tiene setenta años.
4. Vivo con mi abuela y mi abuelo.
5. En mi familia hay cuatro personas.
6. Mi prima tiene diecisiete años.
7. Mi hermana tiene quince años.
8. Vivo con mi padre y mi madre.
9. Mi primo tiene veinte años.
10. Mi madre tiene treinta y dos años.

READING

Sylla-Moles
1. Read and put the syllables in the cells in the correct order
a. Mi madre se llama Ana
b. Mi padre tiene cincuenta años.
c. Mi primo se llama Juan y tiene quince años.
d. ¿Cuántas personas hay en tu familia?
e. Mi abuela tiene ochenta años.

2. Read, Match and find the Spanish
A. Match these sentences to the pictures above
a. 46 b. 70 c.15 d. 72 e. 26 f. 37 g. 85 h. 62 i. 49 j. 50
B. Read again the sentences in task A and find the Spanish for:
a. mi tía b. ochenta y cinco c. hay seis personas d. ventiséis e. mi primo Carlos f. cuarenta y nueve
g. y tengo h. tiene setenta años i. tiene treinta y siete años j. mi tío k. mi hermana l. tengo quince años
m. Mi padre se llama n. tiene sesenta y dos años.

3. Read the paragraphs and complete the tasks below
A. True or False
a. True b. False c. False d. False e. False f. True g. False h. True
B. Find the Spanish for
a. Mi abuelo b. setenta y cuatro c. Tiene cincuenta años d. mi hermana y yo e. En mi familia hay f. Me encanta
mi familia g. No tengo mascotas h. un perro negro i. ¿Cuántas personas…? h. pero es pequeña k. me llevo bien
con ella l. y tú
C. Read again the sentences and decide if they describe Miguel or Belén
a. Belén b. Miguel c. Belén d. Miguel e. Miguel f. Belén g. Belén h. Miguel

4. Tiles Match. Pair them up
1-f 2-c 3-e 4-d 5-a 6-b

THE LANGUAGE GYM

5. Tick or Cross

A. T ✔ C ✗

a. T b. C c. T d. C e. C f. T g. T h. T

B. Find the Spanish

a. Mi abuela y yo b. mi madre tiene cuarenta y cinco años c. hay siete personas d. también tengo un gato gris
e. tiene diecisiete años

6. Language Detective

A. Find someone who... a. Rosa b. Manolo c. Rosa d. Paloma e. Rosa f. Paloma g. Manolo h. Juan i. Rosa

B. Not mentioned: 20th of June

7. Square This!

11-9-1-15-14
7-5-13-10-4
3-6-12-2-8

Hola, me llamo Pedro y tengo trece años. Vivo en España, en un pueblo pequeño. En mi familia hay seis personas: mi madre, mi padre, dos hermanas, mi abuela y yo. Mi abuela se llama Lara y tiene setenta años. Me llevo bien con mi padre, él tiene cuarenta y ocho años, pero no me llevo bien con mi madre. También tengo un caballo que se llama Zac.

VOCABULARY BUILDING

1. Spelling

a. Él tiene trece años b. cuarenta y dos años c. Ella **se llama** d. ¿Cómo se llama? e. ¿Cuántos años tiene? f. En mi familia hay

2. Anagrams

a. Mi padre tiene cuarenta años b. En mi familia hay dos personas c. Mi hermana se llama Daniela

3. Gapped Translation

a. live / people/ grandmother b. aunt/ called /51 c. with/ father/ He/30

4. No vowels

a. Vivo con mi hermana y mi padre b. Mi abuela se llama Angela c. Mi tío tiene treinta y cinco años

5. No Consonants

a. En mi familia hay siete personas b. ¿Cuántas personas hay en tu familia? c. Vivo con mi tía, ella se llama Lola.

6. Split Sentences

1-d 2-c 3-e 4-f 5-a 6-b 7-g

THE LANGUAGE GYM

WRITING

7. Fill in the gaps
a. Vivo/ hablo/ tengo/ llevo/ hermana/ trece/ bien
b. Años/ encanta/ mi/ tengo/ abuelo/ llama/ me

8. Sentence Puzzle
a. En mi familia hay cinco personas. b. ¿Cuántas personas hay en tu familia?   c. Mi hermana se llama Daniela y tiene cuarenta y dos años. d. Me llevo bien con mi padre, él se llama Bernardo. e. Vivo con mi madre en Madrid. Ella tiene treinta y nueve años.

9. Faulty Translation. Write the correct English version.
e.g. I am 10 years old   a. She is 7 years old. b. what's his (or) her name? c. How old is he? d. My name is Nieves

10. Phrase-level Translation.
a. (Ella) tiene treinta años   b. Se llama... c. ¿Cómo se llama? d. Se llama... e. Él tiene veinte años
f. ¿Cuántos años tienes?

11. Sentence Jumble (accept other correct answers)
a. Mi madre se llama Margarita y mi padre se llama Pablo b. ¿Cuántas personas hay en tu familia? c. Mi hermano se llama Simón y tiene veintiséis años d. ¿Cómo se llama tu hermano?

12. Guided Translation
a. ¿Cuántas personas hay en tu familia? b. Me llevo bien con mi hermana y mi madre.   c. Mi abuelo se llama Pablo y tiene ochenta años d. En mi familia hay dos personas, mi padre y yo.

13. Tangled Translation
a. My name is Catrina. I am 11 years old. I live in Valencia; I like it because it is pretty. In my family there are 4 people: my mother, my father, my brother and me. I get on well with my brother, he is 8 years old, but I don't get on well with my mother: she is 39 years old. I have a white dog called Rocco.

b. Me llamo Gabriela y tengo catorce años. Vivo en Pamplona y hablo inglés y español, pero no hablo portugués. En mi familia hay cinco personas: mi padre, mi madre, mi hermana, mi abuelo y mi tía. Me llevo bien con mi tía, ella tiene treinta y tres años, pero no me llevo bien con mi padre, él tiene cuarenta y seis años. No tengo mascotas.

14. Rock Climbing
a. En mi familia hay cinco personas: mi madre, mi padre, mi hermana y yo.
b. Mi padre se llama Roberto y tiene cuarenta y dos años.
c. Me llevo bien con mi hermana. Ella tiene quince años.
d. No me llevo bien con mi abuelo. Él tiene ochenta y tres años.
e. Vivo con mi familia en un pueblo en España. Me llevo bien con mi tío y con mi primo.

UNIT 2 – ¿CÓMO ERES?

LISTENING

1. Listen and complete with the missing syllable
a. Pa**cien**te   b. Sim**pá**tica   c. Habladora   d. **Ge**neroso   e. Gracioso   f. Intel**igen**te   g. Me **lle**vo   h. Molesto   i. Fe**liz**   j. Antipá**tico**

2. Faulty Echo
e.g. Mi hermano es un poco <u>antipático</u>
a. Mi padre es <u>muy</u> simpático
b. Por lo general soy <u>paciente</u>
c. Me <u>llevo</u> bien con mi abuela
d. No me llevo <u>bien</u> con mi madre
e. Mi amigo es un poco <u>tímido</u>
f. Mi hermana es <u>habladora</u> y terca
g. Por lo general soy bastante <u>feliz</u>
h. ¿Cómo eres? Soy <u>amable</u>

3. Break the Flow
a.   Me llevo bien con mi madre porque es graciosa.
b.   No me llevo bien con mi abuelo porque es severo.
c.   Mi padre es muy inteligente, pero un poco tímido.
d.   Por lo general me llevo bien con mi hermana mayor.
e.   Mi amiga se llama Lisa. Es muy simpática y generosa.
f.   No me llevo bien con mi amigo porque es perezoso.
g.   Por lo general no soy optimista, pero soy amable.

4. Listen and tick the correct answer
a.   Por lo general soy simpática
b.   Mi padre es perezoso
c.   Mi amiga es graciosa
d.   Soy muy amable
e.   Mi abuela es un poco severa

5. Spot the Intruder
e.g. Me llevo bien con mi <u>soy</u> madre porque es simpática.
a.   ¿Cómo eres? Por lo general soy <u>muy</u> bastante paciente y gracioso.
b.   No me llevo bien con mi abuela porque es terca <u>pero</u> y severa.
c.   Me llevo bien con mi amigo Carlos porque es <u>perezoso</u> simpático.
d.   No soy muy inteligente, pero <u>me llevo</u> soy muy activo y feliz.
e.   Mi hermano <u>bastante</u> es un poco tímido, pero no es molesto.
f.   Mi amiga Ariana es muy habladora, <u>porque</u> pero es amable.

6. Listen and Tick: True or False

a. Mi madre es generosa (F)

b. Mi hermano es molesto (T)

c. Mi amigo Enrique es gracioso (T)

d. Mi abuelo es simpático (F)

e. Mi padre es terco (F)

f. Mi abuela es antipática (T)

g. Mi prima Gabriela es tímida (T)

h. Por lo general soy activo (F)

i. Me llevo bien con mi madre porque es habladora (T)

j. No me llevo bien con mi tío porque es perezoso (T)

7. Fill in the grid in English

e.g. My uncle	kind, funny
a. I	talkative, active
b. My father	serious, generous
c. **My grandmother**	patient, shy
d. My grandfather	intelligent, stubborn
e. My mother	optimistic, annoying
f. My sister	lazy, nice
g. My friend	happy, funny
h. My cousin	a little active
i. My brother	quite annoying
j. My cousin	kind, very talkative

Transcript:

e.g. Mi tío es amable y gracioso

a. Yo soy habladora y activa

b. Mi padre es serio pero generoso

c. Mi abuela es paciente y tímida

d. Mi abuelo es inteligente y terco

e. Mi madre es optimista pero molesta

f. Mi hermana es perezosa pero simpática

g. Me llevo bien con mi amigo porque es feliz y gracioso

h. Mi primo es un poco activo

i. No me llevo bien con mi hermano. Es bastante molesto

j. Mi prima es amable pero muy habladora

8. Narrow Listening. Gapped translation (Transcript)

a. Por lo general soy bastante **activa** y **simpática**. Me **llevo bien** con mi **madre** porque es **paciente**, pero a veces, es un poco **severa**. No me llevo **bien** con mi **hermano** porque es **perezoso**.

In general, I am quite **active** and **nice**. I **get on well** with my **mother** because she is **patient**, but at times she is a little **strict**. I don't get on **well** with my **brother** because he is **lazy**.

b. ¿Cómo eres? No soy **serio**, pero soy **inteligente**. Me llevo bien con mi **padre** porque es **bastante gracioso**, sin embargo, no es **molesto**. No me **llevo** bien con mi **prima** Paloma porque es **muy habladora**.

What are you like? I am not **serious**, but I am **intelligent**. I get on well with my **father** because he is **quite funny** however, he is not **annoying**. I don't **get on** well with my **cousin** Paloma because she is **very talkative**.

9. Catch it, Swap it (Transcript)

e.g. Mi abuelo es gracioso pero un poco <u>simpático</u>.

a. Por lo general soy <u>bastante</u> optimista.
b. ¿Cómo eres? Normalmente soy <u>terco</u> y activo.
c. Me llevo bien con mi primo porque es <u>antipático</u>.
d. Mi tío es bastante generoso, pero un poco <u>molesto.</u>
e. Mi amiga Clara es muy <u>amable</u> pero no es inteligente.
f. No me llevo bien con mi abuela porque es <u>feliz</u>.
g. Soy un poco <u>activa</u>, sin embargo, no soy paciente.

severo	strict
un poco	a bit
amable	kind
simpático	nice
hablador	talkative
paciente	patient
seria	serious
perezosa	lazy

10. Sentence Bingo (TRANSCRIPT)

1. Me llevo bien con mi abuelo.
2. Por lo general soy graciosa.
3. Normalmente mi primo es perezoso.
4. Mi hermano es muy molesto.
5. Mi hermana mayor es un poco antipática.
6. Mi tía es bastante simpática.
7. No me llevo bien con mi amigo Luis.
8. Mi madre es bastante generosa.
9. Me llevo mal con mis padres.
10. No soy optimista, pero soy inteligente.

11. Listening Slalom

e.g. Mi hermana es optimista y feliz pero un poco antipática
- **My sister is optimistic and happy but a little mean**
a. *Mi hermano es gracioso y muy simpático pero bastante perezoso*
- **My brother is funny and very nice but quite lazy**
b. *Por lo general, soy tímido pero a veces soy terco*
- **In general, I am shy but at times I am stubborn**
c. *Me llevo bien con mi madre porque es paciente y muy amable*
- **I get on well with my mother because she is patient and very kind**

THE LANGUAGE GYM

d. No me llevo bien con mi padre porque es antipático y no es gracioso
– **I don't get on well with my father because he is mean and he is not funny**
e. Mi abuelo es muy inteligente y generoso pero severo
– **My grandfather is very intelligent and generous but strict**
f. Normalmente no soy activa pero soy muy habladora
– **Normally, I am not active but I am very talkative**

READING

1. Sylla-Moles
a. Soy muy paciente y feliz. b. Mi abuelo es gracioso pero terco. c. Mi hermana es un poco molesta y tímida.
d. Mi amigo no es hablador, pero es amable.   e. Me llevo bien con mi madre, pero es severa.

2. Read the paragraphs and complete the tasks below
A. True or False
   a. True b. True c. False d. False e. False f. True g. False h. False
B. Find the Spanish for:
a. Ella es muy simpática b. es severa c. Tiene sesenta y ocho años d. No me llevo bien con e. Por lo general
   f. es un poco terco g. es un poco perezosa h. En mi familia hay i. Sin embargo, es inteligente j. ¿Cómo eres? k. soy bastante graciosa l. a veces es antipático
C. Read again the sentences and decide if they refer to Felipe or Maribel
a. Felipe b. Felipe c. Maribel d. Maribel e. Felipe f. Maribel g. Felipe h. Maribel

3. Tiles Match
1-c 2-f 3-a 4-d 5-b 6-e

4. Tick or Cross
A. T ✔ C ✗
a.T b.T c.T d. C e.T f. C g.T h. C i. T

B. Find the Spanish in the text above
a. Tiene cuarenta y nueve años b. es generosa y amable c. Por lo general, soy bastante activa
d. Sin embargo, a veces es   e. porque es un poco antipático

5. Language Detective
A. Find someone who...
a. Lola's brother (Francisco) b. Sergio c. Lola d. Jaime e. Lola f. Leo g. Sergio h. Leo i. Jaime

B. Not mentioned: He is kind and generous.

THE LANGUAGE GYM

6. Square This!

12-8-3-9-14

15-4-13-7-2

5-1-11-6-10

Tengo once años y vivo en una ciudad grande en Inglaterra con mi familia. Por lo general, soy bastante paciente y generoso. Me llevo bien con mi padre. Él tiene cuarenta y tres años. Es muy gracioso, pero a veces es un poco estricto. No me llevo bien con mi hermana porque no es activa, sin embargo es amable. Me gusta mi prima Gabriela, ella es habladora y feliz.

WRITING

1. Spelling

a. Soy muy inteligente b. Es bastante activa. c. No soy paciente d. ¿Cómo eres? Soy tímido e. Él es severo y perezoso f. Mi madre es amable

2. Anagrams

a. Mi abuelo es bastante severo. b. Mi amigo es tímido, pero feliz. c. Mi tía es generosa y graciosa

3. Gapped Translation

a. *In general* I am *quite optimistic and* **patient. However,** *I am shy.*

b. *I get on well with my* **grandmother** *because she is nice and* **talkative.**

c. *I* **don't** *get on* **well** *with my* **sister** *because she is* **mean** *and* **lazy.**

4. No vowels

a. *Mi amigo Pedro* **es** *un poco tímido* b. *No soy inteligente, pero soy amable.* c. *Mi hermano* **es** *bastante hablador.*

5. No consonants

a. **Mi** abuelo **es** generoso pero severo b. ¿Cómo eres? Por lo general, soy terco c. Mi hermana es habladora y graciosa.

6. Split sentences

1-b; 2-a; 3-d; 4-f; 5-g; 6-c; 7-e

7. Fill in the gaps

a. años/ soy/ gracioso/ llevo/ generosa/ poco/ terco

b. bastante/ perros/ porque/ perezoso/ me/ hermana/ tímida

8. Sentence puzzle

a. Me llevo bien con mi hermano porque es amable.

b. ¿Cómo eres? Soy inteligente y bastante gracioso.

c. No me llevo bien con mi abuela porque es molesta.

d. Mi prima Carmen es muy símpatica, sin embargo es perezosa.

e. No soy paciente pero soy muy hablador y generoso.

THE LANGUAGE GYM

9. Faulty Translation. Write the Correct English version.

e.g. I am very lazy

a. She is nice and kind   b. My father is a little funny.   c. My aunt is very talkative

d. He is quite annoying   e. I am not very generous

10. Phrase-level Translation. How would you say it in Spanish?

a. (Ella) Es muy inteligente   b. Me llevo bien con…   c. Mi abuela es un poco severa   d. ¿Cómo eres?

e. porque (él) es bastante tímido   f. Sin embargo, soy paciente

11. Sentence Jumble

a. Me llevo bien con mi hermana mayor porque es graciosa

b. Mi abuela es muy simpática, sin embargo es severa

c. No me llevo bien con mi padre porque es antipático

d. Por lo general soy feliz y un poco hablador

12. Guided Translation

a. ¿Cómo eres? Normalmente soy muy feliz.

b. Me llevo bien con mi prima porque es graciosa.

c. Mi abuela es inteligente, pero a veces es muy severa.

d. Me llamo Juan. No soy tímido. Sin embargo, soy perezoso.

13. Tangled Translation

a. I am 12 years old and I live in Spain with my family. In general, I am quite happy and generous. I get on well with my mother. She is 40 years old. She is called Sara and she is very patient but at times, she is a little lazy. I get on badly with my brother because he is mean, however he is active. Also I like my grandmother because she is optimistic.

b. Me llamo Mirabel, tengo quince años y vivo en Colombia. Por lo general, soy muy amable y feliz. Me llevo bien con mi hermana Luisa. Me gusta Luisa porque es muy activa y muy fuerte. No me llevo bien con mi hermana Isabela porque es muy habladora y es un poco antipática. No me gusta mi abuela Alma porque es bastante severa, sin embargo es muy inteligente. También me gusta mi primo Antonio pero es tímido.

14. Rock Climbing

a. Me llevo bien con mi hermana porque es graciosa, pero es un poco molesta.

b. Por lo general, soy bastante activo y también muy hablador.

c. Me llevo mal con mi padre pero es muy inteligente y generoso.

d. Mi tía tiene treinta y dos años. Ella es muy simpática, pero un poco perezosa.

e. No soy muy optimista. Sin embargo, soy bastante paciente y amable.

15. Staircase Translation

a. Soy amable e inteligente.

b. Mi madre es muy generosa y paciente.

c. Me llevo bien con mi prima Lola porque es graciosa y no es antipática.

d. Me llamo Carlos. Soy un poco tímido porque no soy muy hablador. Me gusta mi tío pero es molesto.

e. Ana, ¿Cómo eres? Por lo general soy activa y feliz, pero a veces soy perezosa.

THE LANGUAGE GYM

UNIT 3 – LOS OJOS Y EL PELO (Eyes and Hair)

LISTENING

1. Listen and complete with the missing syllable

a. Casta**ño**   b. ma**rrones**   c. ru**bio**   d. peli**rrojo**   e. ri**zado**   f. o**jos**   g. **ll**evo   h. ga**fas**
i. ondu**lado**   j. **corto**

2. Faulty Echo

e.g. *Tengo el _pelo_ negro y largo*

a.   Mi padre <u>tiene</u> el pelo corto.
b.   Mi madre tiene el pelo <u>rubio</u>.
c.   ¿De qué color son tus <u>ojos</u>?
d.   Tengo los ojos <u>azules</u> y grandes.
e.   <u>Ella</u> tiene los ojos marrones.
f.   Tengo el pelo a <u>media</u> melena.
g.   ¿Cómo es tu pelo? Es <u>rizado</u>.
h.   Mi padre <u>lleva</u> barba y bigote.

3. Break the Flow

a. Yo tengo los ojos verdes y pequeños
b. No tiene el pelo ni castaño ni largo. Lleva barba.
c. Mi hermano tiene el pelo liso. Lleva gafas.
d. No llevo bigote. Tengo el pelo a media melena.
e. Mi hermana es pelirroja y tiene el pelo ondulado.
f. ¿De qué color son tus ojos? Son marrones.
g. ¿Cómo es tu pelo? Tengo el pelo negro y liso.
h. No llevo ni barba ni bigote. Tengo el pelo negro.

4. Listen and Tick the correct answer

a. Tengo el pelo **corto y liso**   b. Mi padre tiene **los ojos marrones**   c. Mi abuela es **pelirroja y tiene el pelo largo**
d. Mi amigo Luis **es bajo y delgado**   e. Soy **guapa y baja**

5. Spot the Intruder

e.g. *Tengo el pelo negro, corto y <u>pero</u> liso.*

a.   ¿Cómo es tu pelo? Tengo el pelo rubio, <u>soy</u> rizado y corto.
b.   ¿De qué color son tus ojos? <u>Me</u> tengo los ojos negros y pequeños.
c.   Yo soy alta y delgada. Tengo los ojos azules. Tengo <u>no</u> pecas y llevo gafas.
d.   Mi hermana es baja y guapa. Tiene el pelo castaño y <u>ni</u> largo.
e.   Mi hermano mayor es bastante alto, pero <u>tiene</u> un poco gordo.
f.   Mi amigo Pablo tiene el pelo largo y lleva bigote. No tiene <u>llevo</u> pecas.

12

6. Listen and tick: True or False
a. Mi amiga Ana es alta (T)
b. Mi tío José Luis es bajo (T)
c. Tengo los ojos verdes (F)
d. Ella tiene los ojos pequeños y azules (F)
e. Mi padre lleva gafas (T)
f. Mi madre no tiene pecas (F)
g. Mi hermano es pelirrojo (T)
h. Mi hermana es rubia (F)
i. Soy guapa y delgada (T)
j. Él lleva bigote (F)
k. No soy ni gordo ni delgado (T)

7. Fill in the grid in English

		Eyes	Hair
a.	Ana	brown	brown and short
b.	Merche	green	long and curly
c.	Lola	blue	red and straight
d.	Juan	brown and big	wavy
e.	Carmen	green	blond and long
f.	Pepe	black and small	medium length

Transcript:
a. Me llamo Ana, tengo los ojos marrones y el pelo castaño y corto.
b. Hola, soy Merche. Tengo los ojos verdes y el pelo largo y rizado.
c. Me llamo Lola, tengo los ojos azules. Soy pelirroja y tengo el pelo liso.
d. Hola, soy Juan. Tengo los ojos marrones y grandes. Tengo el pelo ondulado.
e. Hola, me llamo Carmen. Tengo los ojos verdes y el pelo rubio y largo.
f. Me llamo Pepe. Tengo los ojos negros y pequeños. Tengo el pelo a media melena.

THE LANGUAGE GYM

8. Narrow Listening. Gapped translation

a. Tengo los ojos azules y el pelo rubio y rizado. Soy bastante alta y un poco delgada. Normalmente, soy muy paciente y me llevo bien con mi amigo Sergio. Él es bajo y guapo. Tiene los ojos marrones y lleva gafas. Es pelirrojo y tiene el pelo corto y liso.

I have **blue** eyes and **blond** curly **hair**. I am **quite** tall and a little **slim.** Normally, I am very **patient** and I get on well with my **friend** Sergio. He is short and **handsome**. He has **brown** eyes and he wears **glasses**. He is a **redhead** and he has short and **straight** hair.

b. ¿De qué color son tus ojos? Tengo los ojos verdes y el pelo castaño y liso. Soy muy alta y un poco gorda. Por lo general, soy bastante graciosa y generosa, pero no me llevo bien con mi hermana. Ella es morena y guapa. Tiene los ojos negros y tiene pecas. Tiene el pelo negro, largo y ondulado.

What colour are your **eyes**? I have **green** eyes and **brown straight** hair. I am very **tall** and a little **fat**. In general, I am quite **funny** and **generous,** but I don't **get on well** with my sister. She is **brunette** and beautiful. She has black/dark eyes and she has **freckles.** She has **long, black** wavy hair.

9. Catch it, Swap it (Transcript)

e.g. Mi hermano tiene el pelo negro y <u>liso</u>.

rizado	curly

a. Mi padre tiene barba, bigote y lleva <u>pecas.</u>

gafas	glasses

b. ¿De qué color son mis ojos? Son <u>verdes.</u>

azules	blue

c. Yo no tengo el pelo <u>ondulado</u>. Soy pelirroja.

largo	long

d. Soy bastante alto y muy <u>guapo.</u> Llevo gafas.

delgados	slim

e. Mi amigo José es un poco gordo y muy <u>bajo.</u>

gracioso	funny

f. Mi prima tiene once años. Es baja y <u>delgada.</u>

morena	brunette

g. Soy bastante activo. Tengo el pelo rubio y <u>corto.</u>

liso	straight

10. Sentence Bingo (Transcript)

1. Tengo los ojos marrones y grandes.
2. Mi abuelo Rodrigo tiene barba y bigote.
3. Tengo el pelo negro, corto y rizado.
4. Mi gato es perezoso, pero no es feo.
5. Mi padre es pelirrojo y tiene pecas.
6. Mi amigo Alejandro es alto y guapo.
7. Mi abuela lleva gafas y es baja.
8. No soy ni bajo ni alto, pero soy delgado.
9. No llevo gafas. Tengo los ojos verdes.
10. Soy bastante alto y un poco gordo.

11. Listening Slalom

e.g. Mi madre tiene el pelo negro, largo y liso. Es alta.

My mother has long, black and straight hair. She is tall.

a. Tengo los ojos marrones y llevo gafas. Soy bajo.

I have brown eyes and I wear glasses. I am short.

b. Mi amiga Isabela es pelirroja, tiene pecas y es delgada.

My friend Isabela is a redhead. She has freckles and is slim.

c. Yo no soy guapo, pero soy alto. Tengo los ojos azules y soy moreno.

I am not handsome, but I am tall. I have blue eyes and I have dark hair.

d. Soy muy guapa. Tengo el pelo rubio y ondulado, pero no soy alta.

I am very beautiful. I have blond and wavy hair, but I am not tall.

e. Mi hermano no tiene ni barba ni bigote. Lleva gafas.

My brother doesn't have a beard nor a moustache. He wears glasses.

f. Tengo pecas. Tengo el pelo castaño a media melena y soy un poco gordo.

I have freckles. I have brown medium length hair and I am a bit fat.

READING

1. Sylla-Moles

a. Tengo los ojos verdes y grandes.   b. Mi hermana tiene el pelo rubio. c. Soy alto y delgado. Llevo gafas.

d. Mi amigo tiene el pelo corto. e. Soy bastante pequeño y guapo.

2. Read, match and find the Spanish

A. Match these sentences to the pictures

B. Read again the sentences in task A and find the Spanish for:

a. mi gato es

b. un poco gordo

c. tiene el pelo castaño

d. es bastante delgado

e. lleva barba

f. es pelirroja

g. el pelo negro y largo

h. mi madre es alta

i. tiene el pelo castaño

j. es bastante alto

k. mi hermana

15

l. muy hablador

m. los ojos grandes y marrones

n. tiene el pelo rubio

3. Read the paragraphs and complete the tasks below

A. True or False

a. False   b. True   c. False   d. True   e. True   f. False   g. False   h. True

B. Find the Spanish for:

a. con mi hermano mayor

b. soy pelirrojo

c. soy bastante alta

d. no llevo gafas

e. porque es severa

f. me gusta mi hermana pequeña

g. Él lleva gafas

h. Tiene cuarenta y cinco años

i. ni largo ni corto

j. Me llevo muy bien con

k. el pelo negro y largo

l. ella tiene los ojos marrones

C. Read again the sentences and decide if they refer to Paloma or Santiago

a. Santiago   b. Santiago   c. Paloma   d. Santiago   e. Paloma   f. Santiago   g. Santiago   h. Paloma

4. Tiles Match. Pair them up

1-d   2-f   3-a   4-c   5-b   6-e

4. Tick or Cross

A. T ✔   c ✗

a. T   b. T   c. C   d. C   e. T   f. T   g. C   h. C   i. C

B. Find the Spanish of the text above

a. Ella tiene el pelo rubio y ondulado   b. es muy delgado y un poco feo   c. Tengo dos hermanas y un conejo
d. Tengo el pelo castaño y rizado   e. Ella tiene el pelo a media melena

6. Language Detective

A. Find someone who…

a. Max   b. Pilar   c. Alejandro   d. Max   e. Ariella   f. Pilar   g. Alejandro   h. Ariella   i. Alejandro

B. Not mentioned: annoying and strict

7. Square this

2-15-13-7-9

11-5- 10-12-1

8-3-6-14-4

Hola, tengo diez años y vivo en un pueblo pequeño en España. Tengo los ojos azules y el pelo castaño, largo y rizado. Tengo un hermano; es muy inteligente pero terco. Él lleva gafas y es alto. También tengo un gato gris; es un poco gordo pero gracioso. Me llevo bien con mi madre porque es amable. Ella es bastante baja; tiene el pelo rubio y corto.

8. Crack-it Transl-it

a. C: ¿De qué color son tus ojos? Tengo los ojos verdes y grandes. Soy pelirrojo y bajo.
    T: What colour are your eyes? I have green (and) big eyes. I am a redhead and short.

b. C: ¿Cómo eres? Soy bastante alta. Tengo el pelo rubio, largo y ondulado. No llevo gafas.
    T: What are you like? I am quite tall. I have blond, long and wavy hair. I don't wear glasses.

c. C: Mi gato se llama Oro. Tiene el pelo negro y los ojos marrones. Es un poco gordo.
    T: My cat is called Oro. He has black hair and brown eyes. He is a bit fat.

d. C: Mi hermana tiene los ojos verdes. Es alta y tiene el pelo castaño y liso.
    T: My sister has green eyes. She is tall and has brown and straight hair.

WRITING

1. Spelling

a. Tengo el pelo castaño
b. Es bastante alto.
c. Ella no es ni baja ni fea
d. ¿Cómo es tu pelo?
e. Mi perro es un poco gordo
f. Mi gato es muy delgado

2. Anagrams

a. Tengo los ojos verdes   b. Tiene el pelo castaño y corto   c. Tiene pecas y lleva gafas

3. Gapped Translation

a. My **grandmother** is quite **small**. She has **blond** hair and wears **glasses**.
b. I am **neither** short **nor** tall. I have **black** and **straight** hair.
c. My father has a **beard** and a **moustache**. He is very **handsome** and **nice**.

4. No vowels

a. Mi abuelo tiene los ojos marrones.
b. Llevo gafas. No soy ni alto ni bajo.
c. Mi perro es un poco gordo y feo, pero gracioso.

5. No Consonants

a. Mi madre es morena. Ella es guapa.

b. ¿De qué color son tus ojos? Son verdes.

c. Mi conejo es delgado y tiene los ojos grandes.

6. Split sentences

1-d; 2-e; 3-b; 4-g; 5-c; 6-a; 7-f

7. Fill in the gaps

a. es /rubio / ondulado / muy / llevo / hablador / que / tiene

b. llama / simpática / marrones / pecas / lleva / corto / ratón / gordo

8. Sentence Puzzle

a. Tengo los ojos marrones. No soy ni alto ni bajo.

b. Mi hermana no tiene el pelo rubio. Ella es morena.

c. Mi tío lleva barba. Él tiene el pelo negro y corto.

d. Mi amiga Teresa tiene el pelo castaño a media melena.

e. Mi gato es muy perezoso y gracioso. No es ni gordo ni delgado.

9. Faulty translation.

e.g. I have black hair

a. Luis has a beard   b. My uncle wears glasses   c. I am not a redhead

d. He is tall and slim   e. Are you short and handsome?

10. Phrase-level Translation:

a. Él tiene los ojos azules   b. Mi hermana tiene el pelo rubio y largo.   c. Tengo el pelo castaño y corto

d. ¿De qué color son tus ojos?   e. Ella es pelirroja y es baja   f. Tengo el pelo a media melena

11. Sentence Jumble

a. Tengo los ojos marrones y pequeños y llevo gafas.

b. Mi amigo Carlos tiene el pelo corto y rizado y lleva barba

c. No soy ni alta ni baja. Tengo pecas y soy muy guapa.

d. Mi hermano tiene catorce años. Él tiene el pelo rubio y ondulado.

12. Guided Translation

a. ¿Cómo es tu pelo? Tengo el pelo castaño y largo.

b. Mi perro tine los ojos negros. Es un poco gordo.

c. Mi prima María es morena. Ella es baja y guapa.

d. Tengo doce años. Tengo el pelo rubio, corto y rizado.

13. Tangled Translation

a. Hello, my name is Pablo. I am 10 years old and I live in England with my mother and my father. I have brown, short and curly hair. I am quite tall and handsome. I have big blue eyes. I get on well with my father because he is intelligent and nice, He has brown hair and wears glasses, but he has neither a beard nor a moustache. Also I have a dog. It is a little slim and very lazy.

18

THE LANGUAGE GYM

b.   Vivo en Valencia, tengo catorce años y tengo dos hermanos. Por lo general, me llevo bien con mi hermano Luis porque es amable. Luis es bajo y lleva gafas. Tiene los ojos verdes y es pelirrojo. No me llevo bien con mi hermano Pedro porque es un poco tímido y terco. Pedro tiene el pelo negro, largo y liso. No tiene pecas. También tengo un conejo blanco, es un poco gordo, pero también muy gracioso y activo.

14. Rock Climbing
a.   Tengo trece años. Tengo los ojos marrones y el pelo castaño, largo y liso.
b.   Por lo general, soy un poco tímida. Soy pelirroja y tengo los ojos azules.
c.   Mi perro tiene cuatro años. Es bastante delgado y es muy inteligente.
d.   Mi abuela no es ni alta ni baja. Lleva gafas y tiene pecas.
e.   Mi amiga Ana es morena. Tiene el pelo corto y ondulado y es guapa.

15. Staircase translation
a.   Tengo los ojos verdes y llevo gafas.
b.   Mi padre es bastante alto y tiene bigote.
c.   Me llevo bien con mi hermana porque es amable. Es un poco baja.
d.   Tengo el pelo negro y largo, y tengo los ojos marrones. Soy muy activo/a pero terco/a.
e.   ¿De qué color son tus ojos? Tengo los ojos verdes y grandes. Soy pelirrojo/a y tengo pecas.

16. Guided Writing – *Family / Personality / Eyes & Hair Description*

A. Me llamo Sara. Tengo **diez** años y vivo en Granada. Por lo general soy **amable** pero perezosa. En mi familia **hay** cuatro personas: mi madre, mi **padre**, mi hermana y yo. Me **llevo** bien con mi abuela. Ella **tiene** setenta años. Tengo los **ojos** azules y pequeños. Soy pelirroja, tengo el **pelo** largo y liso. Tengo **pecas**. Tengo un **perro** negro que se **llama** Rico.

B. Me llamo Pedro. Tengo once años y vivo en Barcelona. Por lo general soy activo y gracioso. En mi familia hay cuatro personas: mi madre, mi padre, mi hermano y yo. No me llevo bien con mi prima Ana. Ella tiene quince años. Tengo los ojos verdes y grandes. Tengo el pelo moreno, corto y ondulado. No llevo gafas. Tengo un gato blanco que se llama Lola.

THE LANGUAGE GYM

UNIT 4 – La ropa (Clothes)

LISTENING

1. Listen and complete with the missing syllable
a. cami**se**ta b. corbata c. **pan**talones d. va**que**ros e. **chán**dal f. **abrigo** g. cha**que**ta h. **gorra** i. **falda**
j. **bu**fanda

2. Faulty Echo
e.g. Llevo una corbata <u>amarilla</u>.
a. Mi amiga Sara lleva un <u>abrigo</u>.
b. No llevo un <u>jersey</u> azul.
c. Mi padre lleva unos <u>vaqueros</u>.
d. Unas <u>zapatillas</u> de deporte blancas.
e. Unos pantalones cortos y <u>rojos</u>.
f. Mi <u>amigo</u> Rafa no lleva chándal.
g. Llevo una <u>gorra</u> violeta y rosa.
h. Carmen lleva un <u>vestido</u> verde.

3. Break the flow: Draw a line between words
a. En casa llevo un chándal y una camiseta bonita.
b. En el colegio llevo un uniforme blanco y negro.
c. En el polideportivo llevo unos pantalones cortos.
d. Mi hermano en casa no lleva unos vaqueros caros.
e. Mi amiga Lola en el colegio lleva una falda cómoda.
f. ¿Qué ropa llevas? Llevo un vestido violeta y rojo.
g. En el polideportivo no llevas ni abrigo ni bufanda.

4. Listen and tick the correct answer
a. Cuando hace buen tiempo llevo **una gorra blanca.**
b. Cuando hace mal tiempo lleva **un abrigo rojo.**
c. Cuando hace calor **llevo un vestido.**
d. Cuando hace frío **lleva una bufanda.**
e. En el polideportivo **no llevo falda.**

5. Spot the Intruder.
Identify and underline the word in each sentence the speaker is NOT saying
e.g. Cuando hace mal tiempo <u>hay</u> llevo un abrigo.
a. ¿Qué ropa llevas? Normalmente, llevo unos vaqueros, <u>pero</u> y una camiseta.
b. Cuando hace calor <u>a veces</u> llevo pantalones cortos o un vestido bonito.
c. En el colegio, llevo uniforme. <u>Siempre</u> llevo una camisa gris y pantalones negros.
d. Cuando hace mal tiempo mi abuela <u>siempre</u> lleva una bufanda amarilla.
e. Mi madre <u>cuando</u> en casa no lleva ni un vestido elegante, ni un chándal.
f. Normalmente cuando hace frío llevo una chaqueta <u>violeta</u> muy cara.
g. Mi abuelo nunca lleva vaqueros marrones <u>y</u> con zapatillas de deporte negras.

THE LANGUAGE GYM

6. Listen and tick: True or False

a. <u>Nunca</u> llevo una chaqueta.   (False)
b. Mi madre lleva una falda <u>verde</u>.   (False)
c. Mi hermano lleva pantalones cortos.   (True)
d. Nunca llevo <u>zapatos</u> caros.   (False)
e. Mi amiga lleva un vestido.   (True)
f. Me gusta mi jersey negro.   (True)
g. ¿Llevas una corbata <u>negra</u>?   (False)
h. Mi padre lleva una <u>camiseta</u>.   (False)
i. María lleva zapatos <u>caros</u>.   (False)

7. Fill the grid in English

a. Cuando hace buen tiempo llevo una camisa verde.
b. Cuando hace mal tiempo llevo vaqueros azules.
c. Cuando hace calor llevo zapatillas de deporte blancas.
d. Cuando hace frío llevo pantalones negros.
e. Cuando hace frío llevo un abrigo rojo.
f. Cuando hace calor llevo una falda verde.
g. Cuando hace buen tiempo llevo una gorra amarilla.
h. Cuando hace calor llevo un chandál azul.
i. Cuando hace mal tiempo llevo pantalones marrones.

When it's...	Clothes	Colour
a. good weather	shirt	green
b. bad weather	jeans	blue
c. hot	trainers	white
d. cold	trousers	black
e. cold	coat	red
f. hot	skirt	green
g. good weather	baseball cap	yellow
h. hot	tracksuit	blue
i. bad weather	trousers	brown

8. Narrow Listening. Gapped translation

a. Vivo en Barcelona. Cuando hace calor, llevo zapatillas de deporte y un chándal rojo. También, llevo chándal en casa. Me gusta mucho porque es cómodo. Me llevo bien con mi hermano Luis, pero es terco. Por lo general, en el polideportivo, Luis lleva una camiseta azul y una gorra.

I **live** in Barcelona. When it is **hot,** I wear **trainers** and a red **tracksuit**. Also, I wear **tracksuit** at home. I like it a lot but it is **comfortable**. I get on well with my **brother** Luis, but he is **stubborn**. Usually at the **sports centre** Luis wears a blue **t-shirt** and **a baseball cap**.

b. Tengo 12 años y vivo en el norte de Inglaterra. Cuando hace mal tiempo normalmente llevo un abrigo. Sin embargo, si hace buen tiempo, normalmente llevo camiseta y pantalones cortos. En el colegio siempre llevo una camisa blanca elegante, zapatos negros y una corbata roja. Detesto llevar corbata pero en mi opinión es elegante.

I am **12** years old and I live in the north of **England**. When it is **bad** weather, I normally wear **a coat**. However, if it is **good** weather, I normally wear **a t-shirt** and **shorts**. At school I always wear an elegant **white** shirt, black **shoes** and a red **tie**. I detest **wearing** a tie, but in my opinion it is **elegant**.

9. Catch it, Swap it
Listen, correct the Spanish, then translate the new word/phrase

e.g. En casa normalmente llevo una <u>bufanda</u>   camiseta   t-shirt
a. En el polideportivo mi amigo lleva vaqueros <u>bonitos</u>.   blancos   white
b. Cuando hace calor, mi madre lleva una <u>chaqueta</u>.   falda   skirt
c. Cuando hace <u>mal</u> tiempo, llevo pantalones cortos.   buen   good

21

THE LANGUAGE GYM

d. Mi hermano mayor lleva una camisa bonita <u>amarilla</u>.

e. ¿Qué ropa llevas en el <u>colegio</u>? Llevo un chandál.

f. Normalmente Ronaldo no lleva una <u>corbata</u> roja.

g. Me gusta mi vestido <u>azul</u>, pero no me gusta mi falda.

azul	blue
polideportivo	sports centre
camiseta	t-shirt
marrón	brown

10. Sentence Bingo (TRANSCRIPT)

1. Llevo un chándal blanco muy caro.
2. En casa mi hermana lleva pantalones cortos.
3. Me gusta mi bufanda porque es bonita.
4. Mi abuelo lleva un abrigo gris elegante.
5. Cuando hace frío, no llevo camiseta.
6. No llevo ni vaqueros ni pantalones cómodos.
7. Me encanta mi vestido, pero es caro.
8. ¿Qué ropa llevas en el polideportivo?
9. Mi amigo Felipe lleva un uniforme azul.
10. En el colegio llevo una corbata rosa.

11. Listening Slalom
Listen and pick the equivalent English words from each column

> e.g. *When it is hot, I wear a white t-shirt and shorts.*
> Cuando hace calor, llevo una camiseta blanca y pantalones cortos,

a. At the sports centre I normally wear a tracksuit and comfortable trainers.

> En el polideportivo normalmente llevo un chándal y zapatillas de deporte cómodas.

b. At home sometimes my mother wears a green dress.

> En casa a veces mi madre lleva un vestido verde.

c. When the weather is bad, my grandfather always wears a coat and a scarf.

> Cuando hace mal tiempo, mi abuelo siempre lleva un abrigo y una bufanda.

d. I don't like my black jacket, but it is very elegant.

> No me gusta mi chaqueta negra, pero es muy elegante.

e. When it is cold, my friend Teresa never wears a skirt.

> Cuando hace frío, mi amiga Teresa nunca lleva falda.

f. I don't wear neither a shirt, nor a tie at school.

> No llevo ni una camisa, ni una corbata en el colegio.

READING

1. Sylla-Moles
Read and put the syllables in the cells in the correct order

a. Llevo vaqueros negros.   b. Mi padre lleva una bufanda.   c. En el polideportivo él lleva un chandál blanco.

d. Cuando hace buen tiempo, llevo una gorra.   e. Cuando hace frío, mi abuela lleva un jersey gris.

2. Read the paragraph and complete the tasks below
A. True or False

a. True b. False c. False d. False e. True f. False g. False h. False i. True

THE LANGUAGE GYM

B. Find the Spanish for

a. Cuando hace buen tiempo...

b. Una bufanda azul

c. Rubio y liso

d. En el polideportivo

e. Corbata gris y pantalones negros

f. Soy bastante guapa.

g. Tiene barba y bigote.

h. Porque es muy hablador.

i. En el colegio llevo...

j. Es un poco estricto.

k. Un jersey azul

l. Siempre lleva...

C. Read again the sentences and decide if they describe Miguel or Belén

a. Alonso b. Camila c. Camila d. Alonso e. Camila f. Alonso g. Alonso h. Camila

3. Read, Match and find in Spanish

A. Match these sentences to the picture above

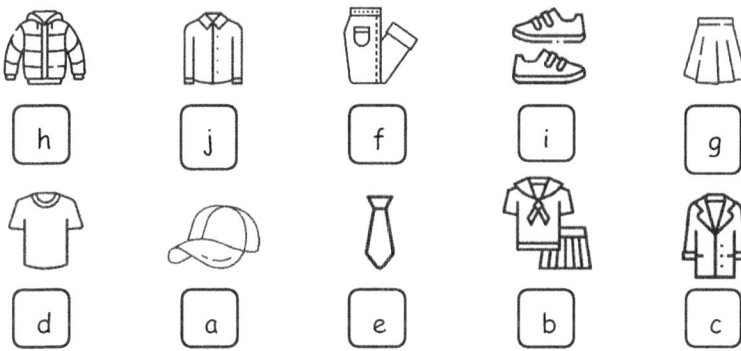

h	j	f	i	g
d	a	e	b	c

B. Read again the sentences in task A and find the Spanish for:

a. Un abrigo gris   b. En el colegio llevo   c. Es muy bonita   d. Me encanta mi chaqueta   e. Cuando hace calor
f. Nunca lleva   g. Es cómodo   h. Lleva una falda negra   i. En casa mi padre   j. Siempre lleva   k. Llevo vaqueros
l. Ni Camisa ni bufanda   m. Una gorra amarilla

4. Tiles Match. Pair them up

1-d 2-e 3-f 4-b 5-c 6-a

5. Tick or Cross

A. T ✓   **C** ✗

a. T b. C c. T d. C   e. T f. T g. C h. C i. T

B. Find the Spanish of the text above

a. En casa normalmente llevo   b. Él es bastante activo y simpático.   c. Pero cuando hace frío.

d. Porque es cómodo.   e. Una falda gris, una camisa blanca

6. Language Detective

A. Find someone who… a. José   b. Marta   c. Raúl   d. Beatriz   e. Marta   f. José   g. Marta   h. Beatriz

i. José   j. José   k. Raúl   l. Beatriz

B. Not mentioned: But at school

7. Square This!

14-9-5-12-1

10-3-15-2-8

6-11-7-4-13

Tengo los ojos azules. Soy inteligente y activo. En el polideportivo, normalmente, llevo pantalones cortos azules y zapatillas de deporte blancas. En el colegio siempre llevo una camisa blanca y un jersey verde. Me gusta mucho mi uniforme porque es cómodo. Mi hermana a veces lleva un vestido y zapatos azules, pero cuando hace frío, lleva una bufanda roja.

8. Crack-it Transl-it

a.   C: En casa llevo una camiseta y vaqueros azules. Cuando hace frío, mi padre lleva pantalones y jersey.

   T: At home I wear a T-shirt and blue jeans. When it's cold, my father wears trousers and a jumper.

b.   C: Mi hermana no lleva ni falda, ni vestido. Cuando hace calor, lleva pantalones cortos porque son cómodos.

   T: My sister doesn't wear a skirt, nor a dress. When it's hot, she wears shorts because they're comfy.

c.   C: En el polideportivo, normalmente, mi amigo lleva zapatillas de deporte, pero no lleva ni zapatos negros, ni jersey.

   T: In the sports centre, my friend usually wears trainers, but he does not wear black shoes, nor a jumper.

d.   C: En el colegio llevo un uniforme muy bonito: una falda azul y una chaqueta roja. Me gusta porque es cómodo y elegante.

   T: At school I wear a very nice uniform: a blue skirt and a red jacket. I like it because it is comfortable and elegant.

WRITING

1. Spelling

a. Una bufanda roja   b. Llevo vaqueros.   c. Lleva pantalones.   d. ¿Qué ropa llevas?   e. Tengo zapatos negros.

2. Anagrams

a. En casa llevo un jersey.   b. Mi hermana lleva una gorra azul.   c. Lleva pantalones grises.

3. Gapped Translation

a. cold/ wears/ jacket   b. school/ grey/ elegant   c. sometimes/ skirt/ shirt

4. No vowels

a. Cuando hace buen tiempo, llevo una gorra.   b. No llevo ni chandál, ni pantalones cortos.

c. En casa, mi madre a veces lleva un vestido.

THE LANGUAGE GYM

5. No Consonants
a. En el colegio llevo una corbata verde.   b. Cuando hace calor, mi tío lleva pantalones cortos.
c. Mi amigo José normalmente lleva una bufanda.

6. Split Sentence
1-d 2-f 3-a 4-b 5-g 6-c 7-e

7. Fill in the gaps
a. tengo/ España/ alto/ ropa/ blanca/ chándal/ un/ elegante/ llevas
b. general/ azules/ deporte/ soy/ llevar/ ni/ bien/ camisa/ una

8. Sentence Puzzle
a. Cuando hace mal tiempo, llevo un jersey.
b. ¿Qué ropa llevas? Normalmente llevo una falda negra o vaqueros azules.
c. Mi amiga Jimena no lleva ni chándal, ni zapatillas de deporte.
d. Mi madre es alta. A veces lleva pantalones negros y zapatos rojos.
e. Tengo once años. Por lo general, llevo una camiseta blanca y pantalones cortos.

9. Faulty Translation. Write the correct English version.
e.g. My skirt is red.   a. My father wears jeans. b. I wear an elegant uniform. c. I like my pink jacket.
d. At home I wear trousers. e. What do you wear at school?

10. Phrase-level Translation.
a. Llevo zapatillas de deporte.   b. No llevo un jersey rojo.   c. Mi abuelo lleva un abrigo azul.
d. Mi uniforme es cómodo y elegante.   e. ¿Qué ropa llevas en el cole?   f. No me gustan mis zapatos negros.

11. Sentence Jumble (accept alternative correct annswers)
a. Me gusta mi bufanda amarilla porque es cómoda.   b. Mi amiga Sara a veces lleva pantalones cortos.
c. No me gusta mi chaqueta gris porque es barata.   d. Normalmente en casa no llevo ni falda, ni vestido.

12. Guided Translation
a. ¿Qué ropa llevas en el polideportivo?   b. Normalmente llevo zapatos azules y pantalones blancos.
c. Mi padre no lleva zapatillas de deporte.   d. En casa a veces llevo un vestido amarillo.
e. ¿Cuántos años tiene tu hermano? Tiene dos años.

13. Tangled Translation
a. Write the Spanish words in English to complete the translation
I am 10 years old. I am quite short and I am active and funny. Normally, at home I wear comfortable clothes, for example a t-shirt and shorts. At school I wear a white shirt, black trousers and a red tie. I don't like my uniform, but it is comfortable. At the sports centre sometimes I wear a tracksuit, but I never wear neither a jumper, nor jeans.

b. Write the English words in Spanish to complete the translation
Mi amiga se llama Ana y tiene doce años. Ella tiene los ojos azules y tiene el pelo largo y rizado. Por lo general, lleva un vestido violeta y una bufanda rosa. En el colegio Ana lleva un uniforme muy elegante: una falda gris y un jersey verde. Cuando hace frío, lleva un abrigo, pero no es muy cómodo. A veces, cuando hace buen tiempo, Ana lleva una gorra. En casa normalmente lleva ropa barata. Y tú, ¿Qué ropa llevas?

14. Rock Climbing
a. Cuando hace calor, mi amigo Carlos lleva pantalones cortos y una camiseta blanca.
b. En el colegio nunca llevo ni un abrigo ni una bufanda. Me gusta mi uniforme.
c. Cuando hace mal tiempo, en casa normalmente llevo un jersey azul.
d. Mi prima Sofía siempre lleva una gorra violeta y zapatos cómodos.
e. Por lo general, no llevo mi chaqueta verde, pero es cara y bonita.

15. Staircase Translation
a. Mi madre lleva pantalones negros.
b. En el polideportivo siempre llevo zapatillas de deporte.
c. No me gusta mi uniforme, pero es elegante.
d. Cuando hace frío Pepe a veces lleva una chaqueta roja y una bufanda blanca.
e. Nunca llevo pantalones cortos porque no son cómodos. En casa llevo un chándal.

THE LANGUAGE GYM

UNIT 5 – Rutina diaria (Daily routine)

LISTENING

1. Listen and complete with the missing syllable
a. Desayuno   b. me **pei**no   c. me vi**sto**   d. me du**cho**   e. **me** lavo   f. me levanto   g. me a**cues**to   h. me arre**glo**
i. me rela**jo**   j. me **des**pierto

2. Faulty Echo
e.g. Por la <u>mañana</u> me ducho.
a. Me despierto a las <u>seis</u>.
b. <u>Me</u> levanto y desayuno.
c. Me <u>ducho</u> y me peino.
d. Voy al <u>colegio</u> a las ocho.
e. Por la tarde <u>hago</u> los deberes.
f. <u>Llego</u> a casa y veo la tele.
g. Por la noche ceno y <u>leo</u> un libro.
h. <u>Por</u> la mañana me pongo el uniforme.

3. Break the flow: Draw a line between words
a. Por la tarde almuerzo y juego con mis amigos.
b. Por la mañana me despierto a las seis.
c. Entre semana voy al colegio a las ocho.
d. Normalmente me levanto desayuno y luego me visto.
e. Por la noche veo la tele y me relajo.
f. ¿Cómo es tu rutina diaria? Me despierto y me ducho.
g. Me lavo los dientes me peino y me pongo el uniforme.

4. Listen and tick the correct answer
a. Por la mañana **me levanto a las seis.**
b. Por la tarde **juego con mis amigos.**
c. Por la noche **leo un libro.**
d. Voy al colegio **a pie.**
e. Todos los días **me peino.**

5. Spot the Intruder.
Identify and underline the word in each sentence the speaker is NOT saying
e.g. Por la mañana <u>a veces</u> me ducho a las ocho.
a. ¿Cómo es tu rutina diaria? Normalmente me levanto <u>lavo</u> a las seis.
b. Por la mañana me despierto <u>a las seis</u> y desayuno tarde.
c. Entre semana <u>me</u> voy al colegio a pie a las nueve.
d. Por la tarde llego a casa <u>pero</u> a las cuatro y luego juego con mis amigos.
e. Todos los días me peino <u>el pelo</u> y me lavo los dientes a las nueve.
f. Por la noche primero veo la tele, luego ceno y <u>sin embargo</u> leo un libro.
g. Por la mañana me <u>te</u> levanto temprano, además me pongo el uniforme.

6. Listen and tick: True or False
a. Por la mañana me despierto a las siete   (False)
b. Por la noche leo un libro   (False)
c. Por la mañana me relajo   (False)
d. Primero, me lavo los dientes (True)
e. Todos los días desayuno a las siete   (False)
f. Me despierto a las ocho   (True)
g. Voy al cole en tren   (True)
h. Voy al cole en autobús   (False)
i. Voy al polideportivo en coche   (True)

THE LANGUAGE GYM

7. Fill the grid in English

a. Por la mañana voy al cole
b. Entre semana voy al polideportivo
c. A las seis me despierto
d. A las siete me pongo el uniforme
e. A las ocho me visto
f. Por la tarde llego a casa
g. Todos los días hago los deberes
h. Por la mañana me lavo los dientes
i. Primero desayuno

When	Routine(s)
a. In the morning	go to school
b. During the week	Go to the spors centre
c. At 6	Wake up
d. At 7	I put on my uniform
e. At 8	I get dressed
f. In the afternoon	I arrive home
g. Every day	I do homework
h. In the morning	Brush teeth
i. First	have breakfast

8. Narrow Listening. Gapped translation

a. Me llamo Rosa y vivo en un pueblo pequeño en España. Tengo el pelo rubio y los ojos verdes. Por la mañana desayuno a las seis. Me ducho y me visto. Luego voy al colegio en autobús. Por la tarde hago los deberes y ceno a las siete con mi familia.

a. My name is Rosa and I **live** in a small **town** in Spain. I have **blond** hair and **green** eyes. In the **morning** I **have breakfast** at six. I have a shower and I **get dressed**. Then I **go to school** by **bus**. In the afternoon I **do homework** and I have dinner at **seven** with my family.

b. Me llamo José Luis y soy muy activo. Tengo el pelo castaño y corto y los ojos marrones. Por la mañana me despierto a las siete. Además, desayuno y me ducho. Luego me pongo el uniforme y voy al colegio en tren. Por la noche ceno, veo la tele y me acuesto a las diez.

b. My name is José Luis **and** I am very **active**. I have short, **brown** hair and brown **eyes**. In the morning I **wake up** at **7**. Moreover, I have breakfast and I **have a shower**. Then I put my **uniform** on and I go to school by **train**. At night I **have dinner**, watch TV and I **go to bed** at ten.

9. Catch it, Swap it
Listen, translate the Spanish, then translate the new word.

e.g. Por la mañana me levanto a las seis.
a. Por la tarde llego a casa y veo la tele.
b. Todos los días me <u>ducho</u> y además me peino.
c. Normalmente voy al colegio en <u>tren</u>.
d. Por la <u>noche</u> voy al polideportivo a pie.
e. ¿Cómo es tu rutina diaria? Me <u>despierto</u> a las ocho.
f. Por la mañana primero desayuno, luego me <u>visto</u>.
g. Entre semana me acuesto tarde, a las <u>nueve</u>.

despierto	wake up
noche	evening
visto	get dressed
autobús	bus
tarde	afternoon
levanto	get up
pongo el uniforme	put my uniform on
diez	ten

10. Sentence Bingo (TRANSCRIPT)

1. Todos los días me levanto a las siete.
2. Por la mañana desayuno y luego me ducho.
3. Por la tarde juego con mis amigos.
4. Por la noche veo la tele y leo un libro.
5. Entre semana me acuesto a las ocho.
6. Por la tarde me relajo y hago los deberes.
7. ¿Cómo es tu rutina diaria?
8. Normalmente voy al polideportivo a pie.
9. Todos los días me despierto a las seis.
10. A veces voy al colegio en autobús.

THE LANGUAGE GYM

11. Listening Slalom
Listen and pick the equivalent English words from each column.

e.g. Entre semana me levanto a las siete y me ducho–

              During the week I get up at seven and I have a shower

a. Por la mañana me despierto, me visto y desayuno

      In the morning I wake up, I get dressed and I have breakfast

b. Todos los días por la tarde juego con mis amigos

      Every day in the afternoon I play with my friends

c. Por la tarde llego a casa temprano y hago los deberes

      In the afternoon I arrive home early and I do my homework

d. ¿Cómo es tu rutina diaria? Entre semana me acuesto a las nueve.

      What's your daily routine? During the week I go to bed at nine.

e. Por la noche primero ceno, luego veo la tele. Además, leo un libro.

      At night first I have dinner, then I watch tv. Moreover, I read a book.

f. Por la mañana me lavo los dientes y voy al colegio a pie.

      In the morning I brush my teeth and I go to school on foot.

READING

1. Sylla-Moles
Read and put the syllables in the cells in the correct order

a. Me despierto a las siete   b. Por la tarde juego con mis amigos   c. Todos los días desayuno y me lavo los dientes   d. Por la noche ceno y veo la tele   e. Por la mañana voy al colegio en coche a las ocho

2. Read the paragraph and complete the tasks below
A. True or False

a. True b. False c. True d. False e. False f. True g. False h. True i. False

B. Find the Spanish for

a. Por la noche ceno b. me peino c. llego a casa a las cuatro d. primero hago los deberes e. llevo una camisa blanca f. nunca veo la tele g. soy pelliroja h. me despierto a las ocho i. tengo tres hermanos j. pero los sábados k. me acuesto a las nueve l. me lavo los dientes m. sin embargo, juego con mi perro

C. Read again the sentences and decide if they describe Roberto or Francisca

a. Roberto b. Roberto c. Francisca d. Francisca e. Roberto f. Roberto g. Francisca h. Francisca

3. Read, match and find in Spanish
A. Match these sentences to the picture above

THE LANGUAGE GYM

B. Read again the sentences in task A and find the Spanish for:

a. voy al colegio b. me levanto a las siete c. nunca d. veo la tele e. primero ceno f. a pie g. me peino

h. todos los días i. siempre me acuesto j. luego me relajo k. leo un libro l. desayuno m. juego con mis amigos

4. Tiles Match. Pair them up

1-b 2-f 3-d 4-a 5-e 6-c

5. Tick or Cross

A. T ✔ C ✗

a. v b. v c. x d. x e. v f. v g. v h. v i. x

B. Find the Spanish of the text above

a. En mi colegio llevo un jersey azul b. Tengo los ojos marrones c. luego juego con mis amigos

d. me acuesto a las diez e. ceno a las seis

6. Language Detective

A. Find someone who... a. Jaime b. Jaime c. Mía d. Ricardo e. Ricardo f. Bárbara

g. Ricardo h. Mía i. Bárbara j. Bárbara k. Jaime l. Barbara m. Mía

B. Not mentioned: In the morning

7. Square This!

1-8-15-5-9

4-14-11-7-3

12-6-2-13-10

Vivo en Valencia. Tengo 11 años y tengo el pelo rubio. Por la mañana me despierto temprano, normalmente a las siete. Primero me ducho y desayuno. Luego me peino y voy al colegio en autobús. Por la tarde juego con mis amigos y veo la tele. Por la noche ceno y me acuesto a las diez.

8. Crack-it Transl-it

a. C: Por la mañana me levanto a las siete. Primero desayuno, luego me visto. Voy al colegio a pie.

   T: In the morning I get up at seven. First, I eat breakfast, then I get dressed. I go to school on foot.

b. C: Normalmente me despierto temprano y me ducho a las ocho. Voy al colegio en autobús y almuerzo a las doce.

   T: I usually wake up early and take a shower at eight. I go to school by bus and I have lunch at twelve.

c. C: Por la tarde normalmente llego a casa a las cinco y ceno. Luego hago los deberes y veo la tele.

   T: In the evening I usually get home at five and have dinner. Then I do my homework and I watch TV.

d. C: Entre semana voy al polideportivo a pie. Por la noche me relajo y leo un libro a veces. Ceno a las siete y me acuesto.

   T: During the week I go to the sports center on foot. At night I relax and read a book sometimes. I have dinner at seven and go to bed.

THE LANGUAGE GYM

WRITING

1. Spelling
a. Por la mañana b. Me ducho y me visto c. Me lavo los dientes d. ¿Cuál es tu rutina?
e. Almuerzo a la una

2. Anagrams
a. Desayuno a las siete b. Por la tarde me relajo c. Me acuesto a las diez

3. Gapped Translation
a. week/ get up/ bed early   b. day/ watch/ read/ book c. arrive/ four/ play

4. No vowels
a. Por la mañana me despierto tarde b. Primero me relajo, luego hago los deberes
c. Por la noche me acuesto a las nueve

5. No Consonants
a. Entre semana me levanto a las siete   b. Por la mañana desayuno a las nueve
c. Me lavo los dientes todos los días

6. Split Sentence
1-f 2-b 3-a 4-g 5-d 6-e 7-c

7. Fill in the gaps
a. familia/ llevo/ amable/ levanto/ desayuno/ pongo/ falda/ una/ tele/ acuesto
b. Cómo/ ocho/ lavo/ Luego/ coche/ tarde/ las/ primero/ hago/ leo

8. Sentence Puzzle
a. Por la mañana normalmente desayuno y me pongo el uniforme.
b. Entre semana voy al colegio y almuerzo a las doce.
c. Todos los días me despierto temprano, me visto y me peino.
d. Tengo doce años. Me levanto a las siete y me acuesto a las diez.
e. Almuerzo en el colegio, pero por la tarde ceno con mi familia a las seis.

9. Faulty Translation. Write the correct English version.
e.g. I get up at six   a. In the morning I have a shower b. I go to school on foot c. I brush my teeth
d. I go to bed at ten e. I play with my friends

10. Phrase-level Translation.
a. Me despierto a las ocho b. Me visto y desayuno c. Por la tarde me relajo d. Por la mañana me lavo los
dientes e. Entre semana almuerzo a las doce f. Voy al polideportivo en autobús

11. Sentence Puzzle: Reorder the words in Spanish (More than 1 possible answer)
a. Por la mañana me levanto y desayuno a las seis b. Todos los días me lavo los dientes y me peino
c. Entre semana voy al polideportivo en coche d. Por la noche veo la tele y me relajo

12. Guided Translation
a. ¿Cómo es tu rutina diaria? Me levanto a las seis   b. Por la mañana me levanto tarde y nunca desayuno

c. Por la tarde juego con mis amigos y veo la tele   d. Entre semana me visto y voy al colegio a las ocho
e. ¿Cuántos años tiene tu hermano? Él tiene dos años

13. Tangled Translation
a. Write the Spanish words in English to complete the translation
I live in Malaga. My name is Miguel, I am fifteen years old and I am quite tall. In the morning I wake up at seven, I wash, I get dressed and I have breakfast. Then I brush my teeth and I put my uniform on. I go to school by car at nine. I have lunch and I play with my friends. In the afternoon I arrive home at five and I relax. Sometimes I watch tv.

b. Write the English words in Spanish to complete the translation
Vivo en Santander. Me llamo Isabela y tengo doce años. Tengo un hermano, pero no tengo una hermana. Por la mañana me levanto a las seis y me ducho. Además, me lavo los dientes y me peino. Me visto a las siete y voy al colegio a pie. Normalmente llevo un jersey verde y pantalones negros. Almuerzo a la una. Por la tarde a veces hago mis deberes, pero nunca veo la tele. Por la noche me relajo y me acuesto a las diez.

14. Rock Climbing
a. Entre semana me levanto temprano y voy al colegio a pie.
b. Por la tarde, primero me relajo, luego voy al polideportivo en coche.
c. Por la mañana a veces desayuno, pero siempre me lavo los dientes.
d. Todos los días me ducho y me peino, pero no hago los deberes.
e. Por lo general ceno con mi familia. Después veo la tele.

15. Staircase Translation
a. Por la mañana me despierto a las ocho.
b. Primero desayuno, luego me visto.
c. Por la noche me relajo y me acuesto a las diez.
d. Todos los días llego a casa a las cuatro y juego con mis amigos.
e. Entre semana me levanto a las siete. Sin embargo, no hago mis deberes.

UNIT 6 – Las asignaturas (School Subjects)

LISTENING

1. Listen and complete with the missing syllable
a. Bio**lo**gía   b. Infor**má**tica   c. Geogra**fí**a   d. His**to**ria   e. Ale**mán**   f. Espa**ñol**   g. Di**bu**jo
h. In**glés**   i. **Quí**mica   j. Tea**tro**

2. Faulty Echo
e.g. Estudio <u>música.</u>

a. <u>Tengo</u> clase de inglés.
c. No estudio <u>informática</u>.
e. Mi amigo tiene <u>clase</u> de arte.
g. A mi amigo le gusta el <u>alemán.</u>

b. Me gusta el <u>francés.</u>
d. No me gusta la <u>religión</u>.
f. No tengo clase de <u>biología.</u>
h. <u>Me</u> gustan las matemáticas.

3. Break the flow: Draw a line between words
a. Los lunes tengo clase de educación física.
b. Los viernes estudio español y geografía.
c. Los jueves no tengo clase de historia ni de ciencias.
d. Los martes mi amigo tiene clase de religión y química.
e. A mi amigo no le gusta el francés pero le gusta el arte.
f. En el colegio estudio teatro y música.
g. ¿Qué asignaturas estudias? Estudio inglés.

4. Listen and tick the correct answer
a. Tengo clase de **aléman.**
b. No estudio **inglés.**
c. Estudio inglés **porque es divertido.**
d. No me gusta la religión **porque es complicada.**
e. Me gustan las ciencias **pero son bastante difíciles.**

5. Spot the Intruder.
Identify and underline the word in each sentence the speaker is NOT saying
   e.g. En el colegio estudio estudia música y arte.
a. ¿Qué asignaturas <u>te</u> estudias? Estudio español y ciencias.
b. A mi amigo le gusta el italiano pero no le gusta <u>también</u> el francés.
c. Los martes tengo clase de educación física, me <u>te</u> gusta porque es divertida.
d. Los viernes mi amigo tiene clase de química pero <u>útil</u> no le gusta.
e. No estudio informática. Los lunes <u>estudia</u> tengo clase de biología.
f. Mi amiga estudia matemáticas. No le gustan porque son <u>es</u> complicadas.
g. No me gusta <u>el</u> la historia porque es complicada pero es interesante.

6. Listen and tick: True or False
a. Los miércoles tengo clase de dibujo   (True)
c. Me gusta el inglés porque es interesante   (True)
e. Me gusta el español porque es útil   (True)

b. El miércoles tengo clase de teatro   (False)
d. No me gusta la historia porque es difícil   (False)
f. Me gusta la química pero es agotadora   (False)

33

THE LANGUAGE GYM

g. La química es difícil (True)   h. El francés es divertido (True)
i. La geografía es fácil (True)

7. Fill the grid in English
a. El alemán es difícil
b. El español es fácil, me encanta.
c. Las matemáticas son interesantes
d. La química es complicada
e. El inglés es divertido
f. La biología es útil
g. El español no es complicado
h. La informática es divertida
i. La educación física es útil
j. La religion es agotadora

Subject	Opinion
a. German	difficult
b. **Spanish**	easy
c. **Maths**	interesting
d. **Chemistry**	complicated
e. English	fun
f. **Biology**	useful
g. Spanish	not complicated
h. **ICT**	fun
i. **PE**	useful
j. **RE**	tiring

8. Narrow Listening. Gapped translation
a. Entre semana me despierto a las siete. Primero desayuno y me visto y luego voy al colegio. Los lunes tengo clase de inglés. Me gusta porque es interesante. A mi amigo le gusta la química porque es útil pero un poco agotadora. Y tú, ¿Qué asignaturas estudias? En el colegio estudio matemáticas y química.

a. During the week I **wake up** at seven. First I have breakfast and I **get dressed** then I go to **school**. On **Mondays** I have **English** class. I like it because it is **interesting**. My friend likes **chemistry** because it is **useful** but a little **tiring**. And you, what **subjects** do you study? At school I study **maths** and **chemistry**.

b. Por la mañana me despierto a las siete. Me lavo los dientes y voy al colegio a las ocho. Estudio muchas asignaturas. Me gusta la educación física porque es divertida, pero no me gustan las ciencias porque son agotadoras. Mi amiga Verónica Palacín tiene clase de alemán los jueves. No le gusta la informática pero es importante.

b. In the morning I wake at **seven**. I **brush** my teeth and I go to school at **eight**. I study many **subjects**. I like **PE** because it is **fun** but I don't like **science** because it is **tiring**. My friend Verónica Palacín has **German** class on **Thursday**. She doesn't like **ICT** but it is **important**.

9. Catch it, Swap it
Listen, spot the difference between what you hear and the written text and edit each sentence accordingly.

e.g. Los jueves tengo clase de <u>francés</u>.   inglés   English
a. En el colegio estudio matemáticas y <u>ciencias</u>.   química   chemistry
b. No me gusta el dibujo porque es <u>agotador</u>.   complicado   complicated
c. A mi amiga le gusta <u>la religión</u> porque es útil.   alemán   German
d. Los <u>lunes</u> tengo clase de química y religión.   martes   Tuesday
e. No me gusta la <u>informática</u> porque es agotadora.   educación física   P.E.
f. Los <u>viernes</u> no tengo clase de educación física.   jueves   Thursday
g. Me gusta mucho la <u>historia</u> porque es divertida.   biología   biology

THE LANGUAGE GYM

10. Sentence Bingo (TRANSCRIPT)

1. En mi colegio estudio biología.
2. Los jueves tengo clase de música.
3. A mi amigo le gusta el francés.
4. Me gusta la geografía porque es interesante.
5. Los martes estudio inglés y español.
6. No me gustan las matemáticas, pero son útiles.
7. Me gustan las ciencias porques son divertidas.
8. No estudio matemáticas porque son aburridas.
9. ¿Qué asignaturas estudias? Estudio ciencias.
10. Me gusta la informática porque es útil.

11. Listening Slalom
Listen and pick the equivalent English words from each column

e.g. Los lunes tengo clase de español y de matemáticas.

On Mondays I have Spanish and maths class.

a. A mi amigo le gusta la biología porque es interesante y útil también.

My friend likes biology because it is interesting and useful too.

b. Los miércoles tengo clase de educación física. Me gusta mucho pero es agotadora.

On Wednesday I have PE class. I like it a lot but it is tiring.

c. Los viernes estudio ciencias. No me gustan porque son aburridas.

On Friday I study science. I don't like it because it is boring.

d. En mi colegio no estudio química. Estudio geografía y me gusta mucho.

In my school I don't study chemistry. I study geography and I like it a lot.

e. ¿Qué asignaturas estudias? Estudio matemáticas. No me gustan porque son muy difíciles.

What subjects do you study? I study maths. I don't like it because it is very difficult.

f. No tengo clase de música los martes. A mi amiga le gusta la música porque es divertida.

I don't have music class on Tuesday. My friend likes music because it is fun.

READING

1. Sylla-Moles
Read and put the syllables in the cells in the correct order

a. Me gusta el inglés porque es interesante.   b. Estudio música porque es divertida.
c. Me gustan las matemáticas pero son complicadas.   d. A mi amigo le gusta la biología. ¡Es útil!
e. La educación física es agotadora.

2. Read the paragraph and complete the tasks below
A. True or False
a. False   b. True   c. False   d. False   e. False   f. True   g. True   h. False   i. False

B. Find the Spanish for:
a. También me encanta la educación física   b. no estudio historia   c. los lunes tengo clase de geografía
d. estudio muchas asignaturas   e. le gusta el español   f. me llevo bien con mi profesor
g. Tengo los ojos marrones   h. Voy al colegio en autobús   i. Pero a veces es agotadora
j. francés, dibujo, matemáticas   k. Complicado pero útil   l. Me lavo los dientes   m. los martes estudio

C. Read again the sentences and decide if they describe Ricardo or Sara
a. Sara b. Sara c. Ricardo d. Sara e. Sara f. Ricardo   g. Ricardo h. Ricardo

THE LANGUAGE GYM

3. Read, match and find in Spanish
A. Match these sentences to the picture above

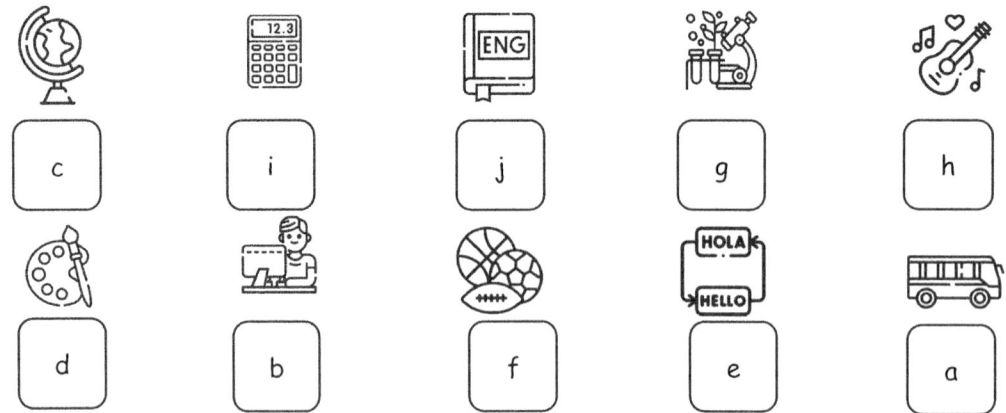

c	i	j	g	h

d	b	f	e	a

B. Read again the sentences in task A and find the Spanish for:
a. Me encanta el dibujo   b. nunca estudio   c. un poco agotadora   d. pero es útil   e. siempre estudio
f. porque es divertida   g. voy al colegio   h. a mi amigo le gusta   i. es difícil   j. no me gusta
k. los miércoles   l. porque es aburrido   m. en autobús

4. Tiles Match. Pair them up.
1-f   2-a   3-c   4-d   5-e   6-b

5. Tick or Cross
A. T ✓   C ✗
a. T   b. T   c. T   d. C   e. C   f. C   g. C   h. T   i. C

B. Find the Spanish of the text above
a. Me llevo bien con el profesor   b. Todos los días me levanto a las siete   c. Divertida pero a veces agotadora
d. Prefiero la educación física   e. Tengo los ojos verdes y soy alta

6. Language Detective
A. Find someone who… a. Lisa   b. Juan   c. Andy   d. Miriam   e. Juan   f. Lisa   g. Juan   h. Andy
i. Miriam   j. Lisa   k. Andy   l. Lisa   m. Andy

B. Not mentioned: I don't study

THE LANGUAGE GYM

7. Square This!

14 4 9 12 2
7 10 15 1 6
3 13 11 5 8

Vivo en España y voy al colegio de lunes a viernes. No llevo uniforme, pero mi amigo John, en Inglaterra, lleva una camisa y una corbata en el colegio. Los lunes estudio historia. Me gusta mucho porque es útil. Los martes tengo clase de música, ¡es divertida! A mi amigo no le gusta porque es complicada. Me encanta el arte porque es relajante. ¿Que asignatura te gusta?

8. Crack-it Transl-it

a. C: En el colegio estudio español, me encanta porque es útil y me llevo bien con mi profe.
    T: At school I study Spanish, I love it because it is useful and I get on well with my teacher.
b. C: Los jueves tengo clase de química, no me gusta porque es complicada y un poco aburrida.
    T: On Thursdays I have chemistry class, I don't like it because it's complicated and a bit boring.
c. C: A mi amigo le gusta la informática porque es interesante pero prefiere las matemáticas porque son divertidas.
    T: My friend likes IT because it's interesting but he prefers math because it's fun.
d. C: No estudio la geografía pero estudio el inglés porque es útil. ¿Qué asignaturas estudias?
    T: I don't study geography but I study English because it is useful. What subjects do you study?

WRITING

1. Spelling
a. Estudio matemáticas b. Estudio geografía   c. Tengo clase de dibujo   d. En el colegio estudio español
e. Los lunes tengo clase de inglés

2. Anagrams
a. En el colegio estudio inglés y biología   b. Los miércoles tengo clase de química
c. Mi amiga estudia alemán y francés

3. Gapped Translation
a. school/ friend/ art/ German   b. chemistry/ opinion/ tiring/ complicated
c. After/ home/ with/ brothers   d. like/ friend/ science/ RE

4. No vowels
a. Después del colegio siempre estudio matemáticas   b. En el colegio estudio español y alemán
c. Me gusta la religión porque es interesante   d. A mi amigo le gustan las ciencias porque son útiles

5. No Consonants
a. Entre semana en el colegio estudio inglés   b. ¿Qué asignaturas estudias? Estudio matemáticas
c. Los viernes mi amiga tiene clase de química

6. Split Sentence
1-e 2-c 3-g 4-b 5-f 6-a 7-d

THE LANGUAGE GYM

7. Fill in the gaps
a. años/ familia/ mañana/ colegio/ también/ lunes/ gusta/ amigo/ agotadora
b. estudias/ estudio/ español/ estudia/ gusta/ interesante/ a/ son/ agotadoras/ interesantes

8. Sentence Puzzle
a. En el colegio estudio matemáticas.
b. ¿Qué asignaturas estudias? Los lunes estudio inglés y francés.
c. En el colegio mi amigo estudia informática, francés y alemán.
d. A mi amigo no le gusta la historia pero le gusta la religión.
e. Los miércoles estudio alemán y francés pero mi amigo estudia español.
f. No me gustan las ciencias porque son complicadas pero estudio biología porque es útil.

9. Faulty Translation. Write the correct English version.
e.g. I study French
a. On Mondays I have art class   b. I study German   c. I study maths   d. Chemistry is tiring
e. Physics is useful

10. Phrase-level Translation.
a. Estudio matemáticas y francés   b. En el colegio mi amigo estudia alemán
c. Me gusta el dibujo porque es interesante   d. No me gusta la geografía porque no es útil
e. ¿Qué asignaturas estudias?   f. A mi amigo le gusta el español porque es divertido

11. Sentence Puzzle (*more than 1 possible answer)
a. En el colegio estudio física   b. Mi amigo estudia inglés y matemáticas   c. Los jueves no tengo clase de
francés   d. A mi amigo le gusta la religión   e. Me gustan las ciencias porque son interesantes y útiles

12. Guided Translation
a. ¿Qué asignaturas estudias en el colegio? Estudio inglés   b. Los jueves no tengo clase de informática
c. Los martes mi amigo tiene clase de ciencias   d. Por la mañana estudio francés y matemáticas
e. En el colegio mi amigo estudia educación física

13. Tangled Translation

a. Write the Spanish words in English to complete the translation

I am 13 years old and I live in Valencia with my family. During the week, I normally go to school and I love it. In the afternoon, I always do my homework and in my opinion is important. At school, on Mondays, I study maths and German but on Tuesdays I don't study art/drawing. However, my friend doesn't study Spanish but studies French.

b. Write the English words in Spanish to complete the translation
Me llamo Gabriel, tengo catorce años y vivo en una ciudad que se llama Barcelona. Mi madre tiene el pelo negro y mi hermana tiene los ojos verdes. Me llevo bien con mi padre. Por la mañana, los lunes estudio inglés, pero en mi opinión es muy aburrido. Sin embargo, el martes estudio educación física y no me gusta porque es muy agotadora. Mi amigo Roberto, no estudia alemán, sin embargo, estudia francés. A él no le gusta la geografía porque es complicada.

14. Rock Climbing

a. Los lunes estudio matemáticas. No me gustan porque son complicadas.

b. Los martes mi amigo estudia ciencias. No le gustan porque no son divertidas.

c. Los miércoles tengo clase de química. Me encanta porque es divertida.

d. Los jueves no tengo clase de alemán. No me gusta porque no es divertido.

e. Los viernes mi amiga tiene clase de informática. No le gusta porque es complicada.

15. Staircase Translation

a. Los lunes estudio matemáticas

b. Los martes mi amigo estudia educación física y francés.

c. Los miércoles estudio informática y me gusta.

d. Los jueves no estudio inglés y español. No me gustan porque son aburridos.

e. Los viernes siempre estudio historia y geografía. Me encantan y en mi opinión son relajantes.

16. Guided Writing – *Family / Personality / Eyes & Hair Description*

A. Me llamo Anita. Tengo doce **años.** Por la mañana me **despierto** a las siete, luego desayuno, me pongo el uniforme y **voy** al colegio a las **ocho**. Por la **tarde** voy al polideportivo y juego **con** mis amigos. Por la noche ceno y **veo** la tele. En el colegio los lunes tengo **arte/dibujo,** biología y español. Me gusta la geografía porque es **interesante** y útil. No me gusta el **inglés** porque es aburrido y complicado.

B. Me llamo Pedro. Tengo trece años. Por la mañana me levanto a las siete y desayuno, luego me lavo los dientes y voy al colegio en autobús. Por la tarde leo un libro y juego con mis amigos. Por la noche me relajo y me acuesto a las diez. En el colegio los martes tengo música y francés. Me gusta mucho el español porque es muy útil. Me gusta la educación física porque es divertida, pero es agotadora.

UNIT 7 – Los profesores (Teachers)

LISTENING

1. Listen and complete with the missing syllable
a. Inteli**ge**nte   b. Optimi**sta**   c. Paciente   d. Me **cae** bien   e. Pere**zo**so   f. Gra**cio**so   g. Me escu**cha**
h. Me chi**lla**   i. Aburrido   j. Pe**sa**do   k. Sev**e**ra   l. Me ayuda

2. Faulty Echo
e.g. Mi profesor de <u>chino</u>
a. Porque es <u>amable</u>   *b. Mi profesor <u>no</u> me chilla*
c. Mi profesora me <u>chilla</u>   *d. Mi profesora es <u>severa</u>*
e. Mi profesor es <u>paciente</u>   *f. Mi profesora siempre me <u>ayuda</u>*
g. Mi profesor es <u>aburrido</u>   *h. Me <u>cae</u> bien mi profesor*

3. Break the flow: Draw a line between words
a. Mi profesora de dibujo es muy divertida
b. Me cae bien mi profesor de música porque es paciente
c. Me gusta mi profesora de inglés ya que es simpática y amable
d. No me gusta mi profesora de teatro ya que es bastante terca
e. No me cae bien mi profesor de matemáticas ya que es severo
f. ¿Qué profesores te gustan? Me encanta mi profesor de chino
g. Me gusta mi profesora de geografía, pero a veces no me ayuda
h. Me gusta mucho mi profesor de francés ya que es simpático

4. Listen and tick the correct answer
a. Mi profesor **me escucha.**
b. Mi profesora **es divertida.**
c. Mi profesora **es pesada.**
d. Mi profesor **es perezoso.**
e. Mi profesora **me chilla.**
f. Mi profesor **es severo.**

5. Spot the Intruder.
Identify and underline the word in each sentence the speaker is NOT saying
        e.g. Mi profesor de chino <u>no</u> me ayuda.
a. ¿Qué profesores <u>me</u> te gustan? Mi profesor de física.
b. Mi profesora de <u>las</u> matemáticas es simpática.
c. No me gusta mi profesor de química porque es <u>el</u> terco.
d. Me gusta mucho <u>el</u> la profesora de ciencias.
e. Me encanta mi profesora de <u>la</u> geografía porque es graciosa.
f. Me encanta la <u>mi</u> profesora de historia.
g. Me gusta <u>la</u> mi profesora de dibujo porque me comprende.
h. Me cae bien mi profesor de español ya que <u>es</u> me ayuda.

6. Listen and tick: True or False

a. Mi profesora es optimista   (True)
b. Mi profesora es impaciente   (False)
c. Mi profesora es aburrida   (False)
d. Mi profesor es aburrido   (True)
e. Mi profesora de dibujo   (True)
f. Mi profesora de alemán   (False)
g. Mi profesora es antipática   (True)
h. Me gusta mi profesor   (False)
i. No me cae bien mi profesora   (True)
j. Mi profesora me escucha   (True)

7. Fill the grid in English

e.g. Mi profesor es simpático.
a. Mi profesora es antipática
b. Me gusta mucho el alemán
c. No me gusta mucho mi profesor
d. Mi profesor me ayuda
e. Mi profesora es paciente
f. Mi profesora es graciosa
g. Me cae bien mi profesora
h. No me cae bien el profesor de dibujo
i. Mi profesora es severa
j. Me encanta mi profesor de español

e.g.	*My teacher*	*is nice*
a.	My teacher	is mean
b.	I really like	German
c.	I don't like very much/I don't really like	my teacher
d.	My teacher	helps me
e.	My teacher	is patient
f.	My teacher	is funny
g.	I like	my teacher
h.	I don't like	the art teacher
i.	My teacher	is strict
j.	I love	my Spanish teacher

8. Narrow Listening. Gapped translation

a. Hola, me llamo Ana del Casar y vivo en Madrid y me gusta mucho. Todos los días voy al colegio. Los lunes tengo matemáticas y dibujo. Me encanta el profesor de inglés ya que es simpático y nunca me chilla. Pero no me cae bien el profesor de física porque a veces es severo y no me ayuda.

Hello, my name is Ana del Casar and **I live** in Madrid and I **really** like it. Every day I go to **school**. On Monday I have maths and **art**. I love the **English** teacher because he is **nice** and never shouts at me. But **I don't like** the physics teacher because **sometimes** he is strict and doesn't **help me**.

b. Me llamo Paloma Lozano y vivo en el sur de España, en San Roque. Me gusta ya que no hace demasiado frío. Entre semana voy al colegio. El martes tengo física y teatro. Me cae bien mi profesor de chino porque es inteligente y me comprende, pero no me gusta nada la profesora de francés ya que es perezosa e impaciente.

My name is Paloma Lozano and I live in the **south** of **Spain,** in San Roque. I like it because it is not too **cold**. During the **week** I go to school. On Tuesday I have physics and **drama**. I like my **Chinese** teacher because she is intelligent and **understands me**, but I don't like **at all** the French teacher since she is **lazy** and impatient.

9. Catch it, Swap it
Listen, correct the Spanish, then translate the new word/phrase.

e.g. Mi profesor de dibujo es <u>paciente</u>.   impaciente   impatient
a. Mi profesora de física es <u>graciosa</u>.   inteligente   intelligent
b. Mi profesor de química es <u>simpático</u>.   antipático   mean
c. Mi profesora de <u>alemán</u> es terca.   francés   French
d. <u>Me cae bien</u> mi profesor de matemáticas.   No me cae bien   I don't like
e. Me gusta mucho mi profesora de <u>español</u>.   teatro   drama
f. No me gusta mucho la geografía porque es aburrida.   nada   at all
g. Me gusta el profesor de chino ya que es <u>inteligente</u>.   optimista   optimistic

10. Sentence Bingo (TRANSCRIPT)
1. Mi profesor de dibujo es simpático.
2. Mi profesor de ciencias es amable.
3. Mi profesora de español no me chilla.
4. Mi profesora de matemáticas me ayuda.
5. Mi profesora de teatro es antipática.
6. Me encanta mi profesora de chino.
7. Me gusta mucho mi profesora de geografía.
8. Me cae bien mi profesor de teatro.
9. No me cae bien mi profesora de música.
10. No me gusta mi profesor de historia.

11. Listening Slalom
Listen and pick the equivalent English words from each column

e.g. I like geography because it is fun
Me gusta la geografía porque es divertida
a. I like my drama teacher since she is patient
Me cae bien mi profesora de teatro ya que es paciente
b. I don't like at all my maths teacher because sometimes he is strict
No me gusta nada mi profesor de matemáticas porque a veces es severo
c. I really like my Spanish teacher because he always listens to me
Me gusta mucho mi profesor de español porque siempre me escucha
d. I don't like my history teacher since she never understands me
No me cae bien mi profesora de historia ya que nunca me comprende
e. My Chinese teacher is patient and also quite funny
Mi profesora de chino es paciente y también bastante graciosa
f. My English teacher is very intelligent but sometimes he shouts at me
Mi profesor de inglés es muy inteligente, pero a veces me chilla
g. My art teacher is impatient and sometimes mean
Mi profesor de dibujo es impaciente y a veces antipático

THE LANGUAGE GYM

READING

1. Sylla-Moles

a. Me encanta mi profesor de ciencias porque es paciente

b. Mi profesor de inglés me ayuda y me escucha

c. Mi profesor de música siempre me chilla y es severo

d. Mi profesor de chino no me comprende

e. Mi profesor de dibujo es amable y gracioso

2. Read the paragraphs and complete the tasks below

A. True or False

a. True   b. True c. False d. False e. False f. True g. False h. True i. False

B. Find the Spanish for:

a. El profesor es gracioso

b. Los viernes tengo

c. Me encanta mi profesor de dibujo

d. Me encanta porque es útil

e. Y no es severo

f. A las once tengo clase de educación física

g. El profesor es amable

h. No me chilla

i. Pero es un poco complicado

j. Tengo clase de inglés a las nueve

k. Y me comprende

l. Me cae bien mi profesor de chino

m. Pesado y terco

C. Read again the sentences and decide if they refer to Roberta or Xavier

a. Carmen b. Carmen c. Xavier d. Carmen e. Xavier f. Xavier g. Carmen h. Carmen

3. Read, Match and find the Spanish

B. Read the sentences in task A again and find the Spanish for:

a. Mi profesor de matemáticas b. Es muy graciosa c. Me escucha d. Siempre me ayuda
e. Es pesado y perezoso f. Es inteligente y divertida g. No me cae bien mi profe de historia
h. Mi profesora de teatro i. Me encanta la geografía j. Porque es severo k. Me comprende
l. Es optimista m. No me chilla

4. Tile Match. Pair them up

1-e 2-f 3-a 4-c 5-b 6-d

5. Tick and Cross

A. a. v b. X c. v d. v e. v f. v g. X h. v i. X
B. a. ¿Qué profesores te gustan? b. Pero a veces me chilla c. Los jueves tengo clase de español
d. No me cae bien mi profesor de matemáticas e. Es un poco severo e impaciente

6. Language Detective

A. **Find someone who…** a. Leo b. José c. Valle's friend d. Amelia e. Valle's friend f. José g. Valle
h. José i. Amelia j. Leo k. Valle l. Amelia m. Valle's friend
B. **Not mentioned:** Is stubborn

7. Square This!

13-4-12-8-1
10-7-3-5-9
2-14-11-15-6

En el colegio estudio muchas asignaturas interesantes. Me encanta el teatro, porque es divertido y el profesor me comprende. También me gusta el inglés porque es útil y el profesor nunca me chilla. Mi asignatura favorita es educación física, pero es agotadora. Me gusta la profesora porque no es estricta y me escucha. No me cae bien mi profesor de ciencias porque es un poco pesado, pero es amable.

8. Crack-it Transl-it

a. C: Me cae bien mi profesor de música, porque es divertido y gracioso, pero a veces no me comprende.
    T: I like my music teacher because he is fun and funny, but sometimes he doesn't understand me.
b. C: Me gusta mucho mi profesora de español porque es simpática y me escucha.
    T: I really like my Spanish teacher because she is nice and listens to me.
c. C: No me cae bien mi profesor de dibujo porque es impaciente y severo. También es terco, pero a veces me ayuda.
    T: I don't like my art teacher because he is impatient and strict. He is also stubborn, but sometimes he helps me.
d. C: Me encanta mi profesora de matemáticas ya que es paciente y optimista y nunca me chilla.
    T: I love my maths teacher since she is patient and optimistic and never shouts at me.

WRITING

1. Spelling

a. Me cae bien mi profesor. b. Mi profesor de ciencias. c. Me comprende y me ayuda.
d. Nunca me chilla. e. Siempre me escucha.

THE LANGUAGE GYM

2. Anagrams
a. No me cae bien mi profesor de matemáticas.   b. Mi profesor de física es simpático y amable.   c. La profesora de chino es paciente y me ayuda.

3. Gapped Translation
a. German/ understands me/ shouts   b. like/ art/ funny/ helps   c. really/ since/ optimistic/ listens   d. at all/ drama/ sometimes/ stubborn

4. No vowels
a. Me cae bien mi profesor de inglés porque es amable   b. No me gusta mi profesora de dibujo ya que es terca   c. Me gusta la religión, porque es interesante   d. Me encanta mi profesor de francés, porque me ayuda

5. No Consonants
a. Me gusta mi profesora de ciencias, pero es severa   b. ¿Qué profesores te gustan? El profesor de física
c. No me cae bien mi profesor de música ya que me chilla

6. Split Sentence
1-h   2-e   3-c   4-f   5-g   6-a   7-d   8-b

7. Fill in the gaps
a. años/ mucho/ bien/ física/ que/ escucha/ profesor/ impaciente/ chilla
b. gustan/ gusta/ de/ siempre/ comprende/ encanta/ música/ veces/ no

8. Sentence Puzzle
a. Mi profesora de español es muy graciosa.
b. ¿Qué profesores te gustan? Me cae bien el profesor de matemáticas.
c. No me cae bien mi profesor de física porque es terco e impaciente.
d. Me encanta mi profesora de geografía ya que es amable y me ayuda.
e. No me gusta nada mi profesor de francés porque es pesado y antipático.
f. Me cae bien mi profesor de música ya que es gracioso, pero a veces es severo.

9. Faulty Translation. Write the correct English version.
e.g. The art teacher   a. My teacher is stubborn   b. My teacher listens to me   c. My teacher is kind
d. My teacher is mean   e. My teacher is patient

10. Phrase-level Translation.
a. Me gusta/Me cae bien mi profesor/profesora de francés
b. No me gusta/No me cae bien mi profesor/profesora de español
c. Me encanta mi profesora de música ya que es paciente
d. Me encanta mi profesor de teatro porque me ayuda, pero a veces es pesado
e. ¿Qué profesores te gustan/te caen bien?

11. Sentence Jumble: Reorder the words in Spanish (accept other correct word orders)
a. Me gusta mi profesor de español
b. No me cae bien mi profesora de música
c. Me encanta mi profesora de inglés porque es inteligente
d. Me gusta mucho mi profesor de ciencias, pero a veces es aburrido
e. Me cae bien mi profesora de chino porque me ayuda y es simpática

12. Guided Translation

a. ¿Qué profesores te gustan? El profesor de inglés.

b. Me cae bien mi profesor de música ya que es amable.

c. Mi profesor/profesora de física es optimista e inteligente.

d. Me encanta mi profesor/profesora de francés porque no me chilla.

e. No me gusta nada mi profesor de chino. Es antipático.

13. Tangled Translation

a. Write the Spanish words in English to complete the translation

At school, on Tuesdays I study RE, ICT, English and French. I really like RE because my teacher is fun and he/she understands me. Also, I like my French teacher since he/she is kind and helps me. I don't like at all My ICT teacher because he/she is stubborn and strict but sometimes he/she helps me. I love my English teacher because he/she is patient.

b. Write the English words in Spanish to complete the translation

Por la mañana me levanto a las siete y voy al cole a las ocho. Todos los días estudio dibujo, español y ciencias. No me gusta mucho el dibujo porque el profesor es impaciente y un poco antipático. Me gusta mucho mi profesor de español porque me escucha y es divertido. También me encanta mi profesora de ciencias porque me comprende y es graciosa.

14. Rock Climbing

a. Me cae bien la profesora de alemán ya que siempre es graciosa y también simpática.

b. No me cae bien el profesor de química porque es impaciente y a veces terco.

c. No me gusta nada mi profesor de inglés porque no es paciente y me chilla.

d. Me encanta mi profesora de ciencias ya que no es severa pero a veces es aburrida.

e. Me gusta mucho mi profesor de matemáticas porque es optimista y siempre me ayuda.

15. Staircase Translation

a. Mi profesor/profesora es amable.

b. Me gusta mucho mi profesor de español porque no es aburrido.

c. No me gusta nada mi profesor de francés ya que es antipático y aburrido.

d. Me encanta mi profesora de matemáticas ya que no es pesada, pero a veces me chilla.

e. Me gusta/Me cae bien mi profesor de inglés porque es inteligente y también optimista, pero a veces me chilla.

16. Guided Writing – *Family / Personality / Eyes & Hair Description*

A. Me llamo Florencia. Tengo **doce** años y vivo en Chile. Por lo general soy **paciente** y **amable**. En casa normalmente llevo una **camiseta** azul. En el colegio no **llevo** uniforme. Me encantan las ciencias porque son **interesantes** y la educación física porque es **divertida** pero agotadora. Me **cae** bien mi profesora de inglés porque me **ayuda** y es inteligente.

B. Me llamo Rubén. Tengo trece años y vivo en Argentina. Por lo general soy tímido, pero gracioso. En casa normalmente llevo pantalones cortos y una camiseta negra. En el colegio llevo uniforme, me gusta. Los lunes tengo historia, pero es aburrida. Me encantan las matemáticas. Son útiles, pero un poco complicadas. Me cae bien mi profesora de español porque es amable y me entiende, pero no me gusta mucho mi profesor de arte/dibujo porque es severo y no me escucha.

Printed in Great Britain
by Amazon

57848903R00031